Shirai Hitoshi
白井 均

「地球市民」としての企業経営

プラネタリー・カンパニーの時代

論 創 社

はじめに

最初に「プラネタリー・カンパニー」という奇妙なタイトルの本を手に取ってくださったあなたに感謝申し上げたい。ただ、もしかしたらこの本はあなたが想像している内容と全く異なるかもしれない。この本は宇宙産業に取り組む企業の紹介でもなければ、惑星を飛び回ってビジネス展開する未来の企業を描いたSFファンタジーでもない。本書はあくまでこの時代にこの惑星の上でビジネス展開する企業とその将来について考察したものである。いささか回り道の多い道程ではあるが、この惑星の将来のために自らの役割、あるべき経営を追求する企業、「プラネタリー・カンパニー」の姿を探す旅におつき合いいただきたい。

人類は今や危機が常態化した時代を生きている。二十一世紀に入ってからだけでも、二〇〇一年九月十一日に発生した米国同時多発テロ（September 11）、二〇〇八年九月十五日の米国投資銀行リーマン・ブラザース・ホールディングスの破綻に端を発する世界的な金融危機（リーマンショック）、二〇一一年三月十一日に発生した東日本大震災とその後の原発事故（3・11）、そして二〇二〇年の新型コロナウイルス感染の世界的な拡大と、およそ五年に一度の頻度で大きな危機に遭遇してきた。

September 11をきっかけにして当時のブッシュ政権はアフガニスタンへ侵攻した、さらに二〇〇三年にはイラクが大量破壊兵器を隠し持っているとの疑惑を理由に、国連安保理の決議を得ないままにイラク侵攻に踏み切った。しかし、フセイン政権は打倒したものの、大量破壊兵器は見つからず、新たな秩序の構築にも失敗した。アフガニスタン、イラク、その後のタリバン、アルカイダへとイスラム原理主義テロ組織との戦いは長期化し、米国の国民は北米大陸から遠く離れた中東や西アジアで続く戦いに次第に疑問を抱くようになる。中国が二〇〇一年のＷＴＯ加盟とともに経済的にも軍事的にも急激に台頭したこともあり、冷戦終結後の米国一国覇権の状況は終わりを告げた。

二〇〇八年のリーマン・ブラザース・ホールディングスの破綻は、連鎖的な信用収縮による金融危機を招き、世界的に消費が落ち込んだ。金融不安による急速なドル下落が進んだこともあり、米国市場への依存が大きい各国の輸出産業へダメージが広がり、世界経済は大幅に後退した。リーマンショックは、それまでの世界的な金融自由化の流れを大きく転換させることとなった。破綻すれば世界経済への影響が大きい金融システムを安定化させ、金融機関のモラルハザードを防ぐために規制強化の動きが広がり、過度の金融資本主義に転機が訪れた。

３・11以前は、地球温暖化防止や原油価格高騰への対応、エネルギー安全保障への対応策として二十一世紀初めから原子力発電が見直され、原子力ルネッサンスの到来と呼ばれていた。新興国にとっては二酸化炭素排出量を抑えながら急速に拡大するエネルギー需要に対応するため、先進国にとっても再生可能エネルギーの安定供給が可能となるまでの現実的な対応として、原子力発電への期待が高まっていた。しかし福島の原発事故によって状況は一変し、ドイツなど脱原発政策を掲げる国が増加することとなった。

二十一世紀に入ってから人類が経験した三つの危機は、民族・宗教、金融、資源・エネルギーという歴史の中で常に対立や摩擦の火種となってきた要因が、かつてない規模で世界に衝撃を与えたものだった。その結果、それまでのグローバリゼーションの潮流は劇的に転換した。しかし、二〇二〇年の新型コロナウイルス(COVID-19)の感染拡大はそれらをはるかに超える「大転換」(The Great Turning)をもたらそうとしている。二〇〇二年のSARS(重症急性呼吸器症候群)、二〇〇九年の新型インフルエンザ(A/H1N1)、二〇一二年のMERS(中東呼吸器症候群)など二十一世紀に入ってからも感染症の広範囲の流行は発生していたが、世界的に大流行し、百万人を超える規模の死者をもたらすパンデミックという意味では、今回のコロナウイルスの感染拡大は一九一八年のスペイン風邪以来約一〇〇年ぶりの大規模なものとなった。大規模自然災害やテロ攻撃であっても被害地域と期間は限定されるのに対し、ウイルス感染は数ヶ月から場合によっては数年にわたって世界中で人々の命を危険にさらし、経済活動を停滞させる。その圧倒的パワーを前に、従来型の金融政策、財政政策も効果が限られることが明らかとなった。グローバリゼーションは再び大きな転換を迫られている。

一方で、デジタル化を起点にAIやデータを活用した価値創造が進展するデジタル・トランスフォーメーション(DX)、SDGsやESG[注1]投資の拡大などコロナ感染以前から続く経済社会の革新の流れは今後も加速していく。そこには大きな希望と可能性が控えているが、コロナウイルス感染の経験も踏まえて解決すべき新たな課題も多い。

とりわけ「安定と秩序」の時代が継続することを前提に、効率最優先で進められた企業のグローバル展開は、複合化するリスクと加速する経済社会の再編によって再構築を迫られている。先進国の企業だけでなく中国を初めとした新興国の企業も含めて、世界的に事業展開する企業は数多く存在する。とりわけ欧米企業は長いグローバル経営の歴史を有し、企業理念、経営ガバナンス、事業オペレーションなどに関して多様な国、社会、文化の中で一つの企業として事業展開する際の経営の普遍性を追求してきた。経営学においても多国籍企業、グローバル企業、インターナショナル企業、トランスナショナル企業など様々な名称でこれまでも類型化が行われてきた。その際、視座とされてきたのは、事業拠点は様々な国にあっても、一つの企業としてどのように機能や権限の「分散」と全体の「統合」を両立し、成果（利益）の最大化を図るかということであった。しかし、現代の複雑化する世界情勢の中で、「統合」と「分散」だけでグローバル経営のあるべき姿を考えることはもはや無理がある。

戦後の安定した国際秩序が大きく揺らぎ、地球環境問題が深刻化するなど、グローバル社会が直面する課題が様々な形で企業経営に影響を及ぼしている。自然災害の増加、国家間の貿易や技術をめぐる対立など企業行動への制約も広がりつつある。企業は世界で起こっていること、あるいは起こることが予想されることを冷静に、かつ包括的に見据える視座をもって対応することが自らの存亡のために不可欠となっている。困難な課題を前に躊躇することなく、「不都合な真実」にも目を逸らすことなく、課題の本質と全体像を理解した上で経営を遂行することだ。

足元の現実の深刻さを受け止めたうえで、個別の事象に着目して詳細に分析する「虫の目」、個々の事象の全体像を俯瞰して解析する「鳥の目」に加えて、地球の外の惑星（プラネット）からもうひとつの惑星としての地球を自然、人間、社会によって構成されるシステムとして捉える「惑星（から）の目」というもうひとつの視座でも考えてみたい。現在の混迷を超えて、この惑星の未来を切り開く途《みち》があるとすれば、この惑星で活動する全ての主体が今以上の責任と役割を担う必要がある。とりわけ経済活動の主体である企業の役割は大きい。

（注1）ＥＳＧ投資とは、環境（Environment）、社会（Social）、企業統治（Governance）に配慮した企業を重視、選別して行われる投資

#「地球市民」としての企業経営　目次

第Ⅱ部　Geo-Challenges の時代

第I部　パンデミック・リセッションが激変させる世界

第1章　退潮するグローバリゼーション、不安定化する世界

1　ビートルズとグローバリゼーション

戦後の世界を動かす起動力となってきたグローバリゼーションとはそもそも何だったのか。そして、我々が立っている足元の世界は時間軸の中でどのように位置づけられるのか。過去から未来へと時間軸を広げてグローバル社会が直面する課題を多軸的に見てみよう。まずは歴史を一九六〇年代まで遡って英国の四人の若者の物語から始めたい。

一九六〇年代から七〇年代にかけて世界の若者を熱狂させたビートルズの四人のメンバーが生まれ育ったのは、英国イングランド北西部に位置する港湾都市リバプールである。リバプールには一七世紀にイングランドと北米との貿易が盛んになるとともに商業都市として栄え、一九

世紀にはアメリカ大陸、西インド諸島との三角貿易の拠点として発展した。大西洋を臨むこの街の公園には、アメリカ大陸へ移住していった若い家族の銅像がある。かつては多くのヨーロッパの人々が、リバプールの港から新大陸への夢を抱いて旅立っていった。

音楽での成功を夢見たリバプールの四人の若者は、一九六二年一〇月に「ラヴ・ミー・ドゥ」でデビューし、瞬く間に英国の音楽シーンを席巻していく。一九六四年一月には欧州大陸に渡りフランス公演、二月には大西洋を越えて米国の首都ワシントンに乗り込みワシントン・コロシアムで初の米国公演を行った。今では信じられないようなことだが、ビートルズ以前に、英国から米国へ進出して成功したミュージシャンは皆無に近かった。勢いは止まらず、六月からはデンマーク、オランダ、香港、オーストラリア、ニュージーランドを回る世界ツアーを敢行、日本公演を行った一九六六年には、フィリピンなどアジアの国も駆け抜けていった。

前年の一九六五年には、ロック・ミュージシャンとして初めて大英帝国勲章（ＭＢＥ）を授与されたのだが、その理由は「英国経済が低迷する中、レコード、映画などを通じ外貨獲得に貢献した」[注1]というものだった。メンバーの中で最も若いジョージ・ハリソンはまだ二十二歳、年長のジョン・レノン、リンゴ・スターでもまだ二十五歳の若さであった。

ユーラシア大陸の西側に位置する英国は、中世の時代からグローバル化の進展した今日まで世界との通商の恩恵を最も享受してきた国のひとつである。ビートルズの成功も、若者向けの音楽が世界市場を視野にビジネスとして成立することを示す先駆けとなり、その後も数多くの若いミュージシャンが英国から世界に羽ばたいていった。

その英国が、世界最大の単一統合市場であるEUから離れる決断をしたことは世界に衝撃を与えた。第二次大戦後の世界経済の発展は、グローバリゼーションの拡大、すなわちヒト、モノ、カネの自由な移動が二国間、多国間、地域などで重層的に進むことによる、自由な取引市場の世界的な拡大によって支えられてきた。とりわけ英国は、一九七九年に首相に就任したマーガレット・サッチャーが主導したサッチャリズムと呼ばれる経済政策によって、グローバル企業がビジネスを展開しやすい市場重視の環境整備においても世界をリードした。サッチャリズムは、その後米国のレーガノミクスにつながり、冷戦終結を経て市場化の流れは世界に広がった。今や地球上の人口の九割以上がグローバルな市場経済のメカニズムの中に組み込まれ、発展途上国であっても、外国資本への開放政策などを取ることにより、成長の機会を得ることができる。

グローバリゼーションの思想的背景には、市場メカニズムが国境の壁を越えて貫徹すれば、グローバルに資源の最適配分が達成されるという、古典的な経済学が前提とする素朴な市場へのオプティミズムが存在する。確かにグローバリゼーションの進展は、先進国、新興国を問わず多くの国・地域の経済発展に貢献してきた。一方でグローバリゼーションが進んでも、国家は国内の経済的福祉（ウェルフェア）の向上を図る責任を放棄することはできない。したがって国家を主導する立場にある各国の政治リーダーも多くの政治家もナショナルな部分から離れることはできない。個人が経済的福祉の多くを国家に依存する状況が変わることもない。

近年、多くの先進国においては国内の分裂が深刻となっている。富裕層と貧困層、中央と地方、移民増加による民族間、宗教間の対立など、多くの国家は国内に複数の対立軸を抱えている。対立の背景には、経済の長期低迷、失業率の高止まりなどに対して社会的セーフティネットなどの政策対応が追いついていないことも背景にある。一方で、ソーシャルネット・ワーキング・サービス（SNS）の広がりによって、不安や不満が一気に社会に広がり、共有されるようになった現実もあろう。社会に潜在する不安や不信は時に予想外の形で顕在化する。二〇一六年のEU離脱を問う英国の国民投票においても、ロンドン、エディンバラなど移民流入が多い都市では残留票が多く、移民流入が少ない地域で離脱票が多いという逆転現象が目立った。

過剰な愛国主義や地域主義に冷静かつ論理的に対応するためには、グローバリゼーションが見た素朴な経済的繁栄の夢を、理論と政策の両面から問い直す必要があるが、経済だけにその任を負わせることは無理がある。民族、宗教、技術など多面的なアプローチが不可欠となっている。

（注1）大英帝国勲章（Order of the British Empire）には五つのランクがあり、ビートルズの四人が授与されたのは、五番目のランクのMBE（Member of the Order of the British Empire）。ただし、ジョン・レノンは一九六九年に自らの意思で返納

2　チャップリンとグローバリゼーション

次に、政治リーダーや研究者の視点ではなく、どの国にでもいるであろう、ごく普通の生活者の視点でグローバリゼーションの歴史を検証してみよう。

喜劇王チャーリー・チャップリンは、人生の機微に富んだ数多くの名言を残している。その中のひとつに、「人生はクローズアップで見れば悲劇だが、ロングショットで見れば喜劇だ」（Life is a tragedy when seen in close-up, but a comedy in long-shot）、という映画人らしい表現がある。同じ出来事でも、個人にとってはその瞬間での捉え方と、長い人生の中で振り返った時の意味合いは大きく異なる場合がある。

グローバリゼーションの進展によって、世界で多くの人々が貧困から脱し、中国をはじめ急成長を遂げた国も多い。先進国と発展途上国の間の経済格差も着実に縮小し、最貧国の分類から脱出した国も多い。人類全体で見れば、より豊かになったと感じている人の方が圧倒的に多いはずだ。

先進国である米国も世界中から資金と人材を集め、また経済が離陸した新興国が米国企業の新たな投資先となり有望市場となることによって、大きな経済的利益を享受してきた。その間、生産の海外移転などによって不利益を被る人々もいたが、米国経済全体としては海外で市場が広がり、国内ではより高付加価値の産業構造に転換したことによる利益の方が大きかった。しかし、ひとりひとりの人生を見れば、全く別の風景も見える。ある日突然自分の働いていた工場が中国、メキシコへ移転し職を失えば、当事者にとっては「悲劇」以外の何ものでもない。「あなたの仕事は新興国に移ってしまい米国にはなくなります。どうかもっと高付加価値の仕事を探して幸せになってください」、と言われても笑えない「喜劇」のせりふにしか聞こえない。

二〇一七年、戦後一貫して世界の自由貿易の流れを主導してきた米国の大統領に、"Make America Great Again"を掲げ、雇用を米国に取り戻す、メキシコとの国境に壁を建設すると主張するドナルド・トランプが就任した。二〇一六年の大統領選において対立候補のヒラリー・クリントンは、本来労働組合の支持の高い民主党にありながら、支持基盤のミシガン、オハイオなどでも敗れた。これらの州はラストベルト（さび付いた工業地帯）と呼ばれ、かつて繁栄しながら生産の海外移転などにより衰退した地域だ。労働者の党は労働者の叫びを十分受けとめられていなかった。米国の労働者が直面した「悲劇」に対して政治があまりに不作為であったことは事実だが、重要なことはたとえ時間はかかっても、「悲劇」の真の原因を見極めて対策することであろう。

グローバリゼーションが本格化した一九八二年から金融危機前の二〇〇七年までの二十五年間で世界の貿易量はＧＤＰの伸び率の二倍のペースで拡大した。しかし、金融危機が終わった二〇一一年以降世界の貿易量の伸びは年率わずか二・五％の低水準にとどまっている。二〇〇八年の金融危機前の二十五年間は米国が主導して進めたＮＡＦＴＡ（北米自由貿易協定）、ＧＡＴＴ

ウルグアイラウンド、WTO（世界貿易機関）による一連の自由化政策が市場を拡大し、貿易コストを押し下げ、世界経済の成長を加速させた。しかし、金融危機後のグローバリゼーションは明らかに勢いを失っている。二〇一〇年以降、G20各国においては、政府調達品の自国調達など外国製品、サービスへの差別的な措置が毎年三〇〇から四〇〇件のペースで導入されている。勢いを失ったグローバリゼーションはトランプ政権の誕生と前後してついに逆流を始めていく。

戦後の米国経済は、世界貿易の拡大とともに成長してきた。貿易の拡大は競争を通じて生産性の向上と効率化につながり、米国経済を強くしてきた。米国はイノベーションの創出力においては依然として圧倒的優位にあり、その中核的役割を果たしているのは西海岸のシリコンバレーだ。シリコンバレーにおける新たな起業の半分以上は移民もしくは移民二世によるものであり、人材においても米国はグローバリゼーションの恩恵を世界で最も享受してきた国なのだ。

グローバリゼーションの扉を開き続け、改革とイノベーションに取り組んできたことが、米国に繁栄をもたらしてきた。しかし、現実には目の前で「悲劇」に直面している人に、グローバリゼーションの意義や米国経済への貢献をいくら論理的に説いたところで何の慰めにも解決にもならない。ワシントンの政治家も第一線の経済学者も雇用や格差問題の深刻さに対し理解と対処が十分とは言えなかった。一方で、関税引き上げなど貿易障壁を高めれば、一時的に雇用が増えたとしても、いずれ価格が上昇し、人々の購買力が低下することによって経済は停滞してしまう。メキシコ国境に高い壁を設け、外国製品に高い関税をかけ、自らは改革を怠ることは、たとえ数十年後に振り返っても現在の「悲劇」を「喜劇」に変えることはない。

チャップリンはこんな言葉も残している。「私たちは互いに助け合いたいと思っている。人間とはそういうものだ。相手の不幸ではなく、お互いの幸福によって生きたいのだ」（We all want to help one another. Human beings are like that. We want to live by each other's happiness, not by each other's misery.）

3　「三丁目の夕日」の幸せ

社会科学としての経済学は、本来社会全体の福利厚生を高め、社会を構成する人々の幸福を高めることをめざしている。当然のことながら経済の発展段階によって、さらには文化、宗教、個人の価値感によっても、求める幸福の姿は異なる。経済学は、人間の認知能力や情報収集・処理能力には一定の限界があることを踏まえつつも、人間は自らの利益を追求するために合理的な行動をとると捉えたうえで、市場メカニズムの中で発生する経済現象の法則に焦点をあててきた。一方、本来は最終目的であるはずの人々の幸福とはそもそも何かに関しては長年にわたり経済学の主要課題ではなかった。

それでも、一九九〇年代以降、幸福の度合いに関する調査の統計分析が広がったことなどにより、経済学でも「幸福」に関する研究が一部成果を挙げつつある。その一つは、相対所得仮説と呼ばれ、幸福度は自分の絶対所得ではなく他人の所得との比較で決まる、というものだ。たとえ自分の所得が増えても、他人の所得が自分以上に増えた結果、格差が広がれば幸福度は下がると考える。もう一つは、順応仮説と呼ばれるもので、所得が上がれば一時的に幸福度は増すが、人間はすぐにその状態に慣れてしまい幸福度は元に戻ってしまう、というものだ。

映画化もされ、一九七四年から既に四〇年以上にわたって連載が続く西岸良平の大長編漫画『三丁目の夕日』では、昭和三〇年代の『夕日町三丁目』を舞台に、さまざまな人間模様が描かれている。昭和三〇年代を特別に美化しているわけではなく、むしろ当時の生活の貧しさ、不便さも自然に描かれている。それでも登場人物たちが、生き生きとして幸せに見えるのは、現代より時間の流れが緩やかで、人と人のつながりが親密に感じるからだろうか。『三丁目の夕日』の時代は「努力したものは報われる」という将来への期待を誰もが素朴に信じられる時代だった。多くの人々が賃金上昇の恩恵を受けて、テレビ、冷蔵庫、洗濯機を購入できるようになっていった。「相対所得仮説」に立てば、何より自分が豊かになり、周囲には自分以上に豊かになる人がいても、不満を口にするほどの格差ではなかった。「順応仮説」で見ても、毎年着実に賃金が上昇し、今年の賃上げによる幸福感が消える頃には次の年の賃上げが待っていた時代だ。

経済が成熟するとともに、市場での成長機会は次第に限られてくる。「努力した者は（誰もが）報われる」社会から、失敗のリスクはあっても「挑戦し、成功した者（だけ）が報われる」社会へと移っていく。誰もが報われるわけではなく、社会全体の所得の伸びは低下し、格差は拡大する。幸福に関する二つの仮説のいずれに立っても、幸福度が低下する人が増えることになる。

こうした状況への許容度は国の歴史や文化、宗教によって異なる。「挑戦し、成功した者が報われる」とは、アメリカンドリームそのものであり、米国社会には成功者をたたえる文化が存在する。ところが、その米国においても大きな変化が起こっている。二〇一一年九月、ニューヨークのウォール街で「ウォール街を占拠せよ（Occupy Wall Street）」という衝撃的な抗議運動が起こった。この運動の参加者は“We are the 99%”というスローガンを掲げていた。一九七九年から二〇〇七年までの間に米国の上位一％の富裕層の所得は二七五％増加したのに対し、全体の六〇％を占める中間層の所得は四〇％しか増えておらず、経済成長の果実の多くは最富裕層に集積されている、との主張だった。

フランスの経済学者トマス・ピケティの書いた『二十一世紀の資本論』（英訳 Capital in the Twenty-First Century）は、英語版で七〇〇ページ近い専門書であるにもかかわらず、米国の一般読者の関心をひきつけた。同書は、過去一〇〇年以上の長期の時間軸で見ると、経済が大きく成長したにもかかわらず、格差はほとんど縮小していないことを実証データで示している。一九一〇年には米国の上位一〇％の富裕層が国全体の富の八〇％を占めていた。それが二度の世界大戦を経ていったんは六〇％近くまで低下したが、二〇一〇年には七〇％を超えるまで戻ってしまう。

アメリカンドリームとは、たとえ生まれは貧しくても才能と努力により成功するチャンスは誰にでもある、という希望を社会が共有するものだったはずが、生まれた時には既に大きな格差があるのだとすれば、本当に挑戦するチャンスはあるのか、ビル・ゲイツやスティーブ・ジョブズの成功は極めてまれな例外にすぎないのではないか、この本は米国社会にそうした疑念を提起することとなった。

経済学における幸福の研究は、これからの社会のあり方を考える際の材料は提供しているが、社会を構成するひとりひとりの幸福を高めることを研究対象としているわけではない。成熟した先進国において、経済の活力を維持しつつ、より多くの人々が幸福を感じる経済社会とはどのような姿なのか、経済学の領域には閉じない課題だが、格差拡大がその障害となっているのは確かだ。

4　グローバリゼーションの見た夢

格差拡大の顕在化などにより、多くの先進国で反グローバリゼーションの動きが広がっている。第二次大戦後の世界は、戦前のブロック経済化が戦争につながったとの反省のもとに自由貿易を受け入れ、経済は段階的に拡大を続けてきた。グローバリゼーションが加速した背景には世界経済の二つの大きな転換点があった。

第一の転換点は一九八〇年前後に起こった市場重視経済への転換だ。グローバリゼーションを加速させる市場重視の経済政策が始まったのは、一九七九年に就任したイギリスのサッチャー首相によるサッチャリズムと呼ばれる政策からだ。サッチャー政権は、電話、石炭、航空などの国営企業民営化、労働法制に至るまでの規制緩和、社会保障制度の見直し、金融ビッグバンなどの実施によって外国資本を導入しやすい環境を整備し、労働者擁護の制度を一掃した。一九八一年に就任した米国のレーガン大統領も、政府支出抑制、減税、規制緩和などの政策を推進した。市場重視の政策は一九八〇年代後半には日本の中曽根政権の行政改革、二〇〇〇年代初頭には小泉政権の「聖域なき構造改革」へと広がっていく。サッチャリズム、レーガノミックスは、行き過ぎた福祉国家政策が、公的な需要創出などの経済政策によって政府部門を肥大化させ、民間部門の活力を奪った結果、慢性的な不況、財政赤字拡大、失業率上昇につながったとして、大規模な規制緩和と大幅減税による民間経済の活性化を図るものだった。

市場競争の主体である企業が規制緩和の進展によって活動の自由を獲得し、一方でグローバルな市場の広がりを意識するようになれば、その活動は必然的に国家の枠組みを超えて広がる。ほぼ時を同じくして、一九七〇年代末には同じ地球上にありながら、もう一つの経済社会を形成していた中国が鄧小平の指導のもと改革開放路線に転換し、新たに市場経済に加わった。グローバリゼーションは市場重視の経済政策と同期しながら次第にスピードを速めていった。

第二の転換点はベルリンの壁が崩壊した一九八九年の冷戦終結だ。軍事的リスクの低下により、市場化の流れは新興国を巻き込み世界的な流れとなっていく。一九九〇年代以降は先進国から新

図表1　停滞するグローバリゼーション

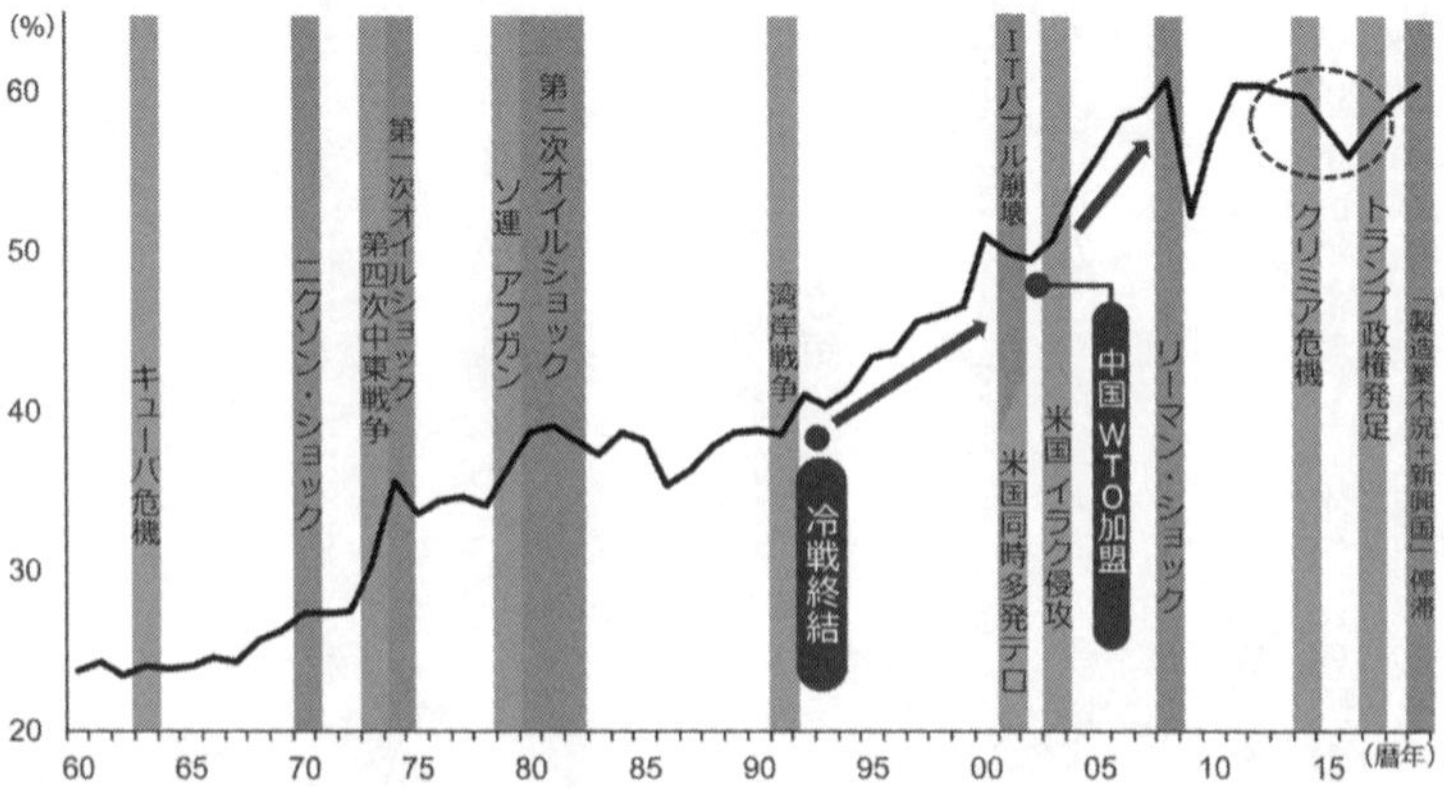

注：財サービスの輸出入合計対GDP比
資料：日立総研

興国への投資が加速し、貿易も一貫して拡大した。新興国が経済成長の機会を得るとともに、先進国も新たな市場を手にすることができた。自由貿易と市場拡大が世界経済の成長と同じ方向に回転し、加速していった。

グローバリゼーションと市場重視の経済政策は、経済格差拡大というもう一つの大きな変化を社会にもたらした。イギリスでは一九二〇年からサッチャリズムが始まった一九七九年まで上位一％の最富裕層の所得が国民総所得に占める比率は、ほぼ一貫して低下が続いていた。しかし、その後はリーマンショックの時期を除いて上昇が続いている。米国もレーガンが大統領に選出された一九八〇年に、それまで減少を続けていた上位一％の最富裕層の所得が国民総所得に占める比率が五〇年ぶりに上昇に転じた。その後も一貫して上昇が続き、二〇一七年にはかつての趨勢的な低下が始まる前の一九二九年の水準まで上昇した。

グローバリゼーションと市場重視の経済は一九九〇年末になるとインターネットの広がりなどデジタル化の進展と同期しつつ、格差拡大を加速させていく。ＧＡＦＡに代表されるデジタル・プラットフォーム型ビジネスは、利用者が増えるほどサービスやインフラの価値が高まり、それによってさらに利用者が増えるというネットワーク効果が顕著に現れる。需要が世界に広がれば、一気にブランド価値も高まる。少数の企業が国境を越えて市場の大半を握る「勝者総取り」(Winner takes all) となり、勝者となった企業に利益が集中する。独占や寡占が進展するほど、企業は利益を株主に分配する傾向が強まるため、一九九〇年代以降は産業集中度の高い産業部門ほど労働分配率が低下する傾向が顕著となっている。

二十一世紀に入りリーマンショックの前後からは、先進国においてグローバリゼーションの負の側面が顕在化してくる。先進国においてはグローバリゼーションによる貿易や投資の自由化、さらには移民も含めた外国からの人材の受け入れが国内で競争力を失った人々の賃金の上昇を抑制し、雇用を奪い、さらには経済格差を拡大させていった。

それでも先進国の経済が好調で高い成長を続けている間は、国内の反対の声も小さかったが、経済が停滞すれば不満は蓄積し、次第に各国の政治への圧力が強まっていった。格差拡大や反移民感情など社会課題の深刻化が先進国の共通課題となる中で、米国に限らず各国の政権は依然として有効な対応策を見いだせないでいる。今後、各国で政権交代があっても、グローバリゼーションの夢から醒めた国民を前にすれば、国内優先の内向き政策は今後も簡単には変わらないであろう。

第2章　パンデミック・リセッションの破壊力

1　パンデミックがもたらす「大転換」

反グローバリゼーションの動きが広がり、国際関係においても国内政治においても分断が進む状況を見透かしたかのように、新型コロナウイルスの感染が世界を襲った。二十一世紀に入ってから人類が経験した三つの危機と異なり、新型コロナウイルスの世界的な感染拡大は、これまで誰もが疑うことなく続けてきた日常の一つ一つの活動の意義を、命の安全との比較によって問うものだった。それはあなたにとって、命に代えてでも行うべきことか、と問われれば、多くの活動は少なくとも短期的にはそこまでの必要性はないということになる。すべての活動とそれを求める組織や制度の根本的な必要性が問い直される経験を経た後、いずれ感染が終息して命の危険が低下した時には、社会の価値観は大きく変わり、もはや感染前と同じ姿に戻ることはない。

世界的な感染拡大は想定困難な異次元の災禍のように見えるが、歴史を振り返れば世界はこれまでもおよそ百年に一度の頻度でパンデミック、すなわち感染症の世界的な流行による危機に遭遇してきた。そして、それまで岩盤のように見えた社会構造はその都度「大転換」を遂げてきた。

2　三〇〇年前の経験

十四世紀から十五世紀の中世ヨーロッパを襲ったペストの大流行では、当時の世界人口の三分の一が死亡したと推計されている。一三二〇年から一三三〇年にかけて、中国で大流行した後、現在の中国雲南省の地域に侵攻したモンゴル軍がペスト菌を媒介するノミと感染したネズミをヨーロッパにもたらしたとされる。一三四七年のある日、地中海の港に停泊した大型帆船から積荷に紛れて病原菌をもつネズミが静かに上陸していった。ペストは感染すると皮膚に黒紫の斑点や腫瘍ができるため黒死病（Black Death）と呼ばれた。放置して肺炎などの合併症を併発すればほぼ全員が死亡したため、致死率は三〇％から六〇％に達したとされる。

ペストによる死亡者の爆発的な拡大により絶望が社会を覆い、やがて社会構造も揺らぎ始める。不治の病を前に当時支配的地位にあったカトリック教会はなすすべなく立ち尽くし、ローマ教皇のクレメンス六世は、ペストがヨーロッパに上陸した数ヶ月後には当時カトリック教会の総本山があったアヴィニョンから逃亡したため、一気に人々の支持を失っていった。時代は宗教改革やルネッサンスへと進み、ヨーロッパは中世から近世へと移っていく。ペストの最後の大流行は今から約三〇〇年前の一七二〇年、フランスにおいてであった。

3　二〇〇年前の経験

現在も世界の一部地域で感染が続くコレラに関する記録は紀元前三〇〇年頃から残されている。ただし、世界的な流行が始まったのは一九世紀に入ってからの一八一七年、原発地はインドのガンジス川下流のベンガルからバングラデシュにかけての地域とされる。ガンジス川は、ヒマラヤ山脈の高峰から流れ出す大量の雨水を集めてベンガル湾に注ぎ込む。その海への流入部分には広大な三角州が形成される。イギリスがインド支配を完成させたマラーター戦争(注1)の渦中の一八一七年八月にカルカッタ近郊で発生した流行はベンガル地方から移動するイギリス軍とともにインド国内に拡散し、一八一二年にはアラビア半島のオマーン、一八二〇年には東へ向かってジャワ、フィリピン、一八二二年には日本の九州や中国地方へと広がった。流行は、アジア全域からアフリカにまで及び、一八二三年まで続いた。

その後一八二六年からの流行では、ヨーロッパや南北アメリカ大陸にも広がった。当時インドを支配下に入れた大英帝国の船乗りや商人によって世界各地に広まったと考えられている。グローバリゼーションの黎明期、世界がつながり始めた今から約二〇〇年前の時代に世界を襲った衝撃だった。

（注1）マラーター戦争は、マラーター同盟とインド支配を進めるイギリス東インド会社との間で一七七五年から一八一八年の間に三度にわたって行われた戦争。敗れたマラーター同盟は崩壊し、その後インドの植民地化は急速に進展した。マラーター同盟とは、中部インドのデカン高原を中心とした地域に、マラーター王国及びマラーター諸侯によって結成された連合体で一八世紀にムガル帝国の衰退に乗じて独立し、一時はインドの覇権を握っていた。

4　一〇〇年前の経験

一九一八年から一九二〇年にかけて世界を襲ったスペイン風邪には、当時の世界人口の四分の一程度に相当する五億人が感染した。死者数は一七〇〇万人から五〇〇〇万人との推計が多いが、一億人に達した可能性もあるとされる。

死者の中には太平洋の孤島や北極圏の人々まで含まれていた。筆者の父方の祖母は一九二二年に当時新潟県の片田舎にあった刈羽郡北条町の夏渡《なつわた》と呼ばれた地域でスペイン風邪に罹って亡くなっている。この地域は今では新潟県柏崎市の一部となっているが、生前の父から聞いたところでは、夏渡という地名の由来は、冬場は積雪などにより行くことが困難で、夏でなければ渡れないような山奥にある地域ということだった。小学生の頃、真夏の時期に一度だけ家族で父の実家がある夏渡に向かったことがある。山越えの途中で雷鳴が鳴って土砂降りの夕立となり、遭難するのではないかと感じるほどの難路だった。当時の日本でも夏渡のような山奥の地域で暮らす人々にまで感染が広がり、多くの人々が命を落としたことを考えれば、スペイン風邪の感染力は極めて強く、経済や社会への影響も甚大だったのであろう。

スペイン風邪の流行は第一次世界大戦中であったため、参戦した各国の兵士にも感染が広がり戦局にも大きな影響をもたらした。各国は感染による戦力低下を敵国に悟られないよう感染の状況を徹底して秘匿した。ちなみにスペイン風邪という呼称の由来は、スペインが発生源ということではない。当時参戦せず中立国の立場にあったスペインでは情報統制が敷かれていなかったため、皮肉なことにスペイン国内での流行が世界に報じられ、人々の知るところとなったためとされる。

実際にスペイン風邪の流行が始まったのは一九一八年三月、米国カンザス州からである。通常なら季節性のインフルエンザがおさまる時期にもかかわらず、短期間のうちに患者数が膨大となり死亡者が増えていったため、やがて人々は普段の年とは異なる流行であることに気づく。その後、第一次世界大戦に参戦していた米国から数十万人の兵士が軍艦に乗り、太平洋を越えて欧州の戦場に向かったため、四月から五月にかけてフランス、ドイツ、イタリア、英国へと一気に拡散していく。欧州戦線で対峙した全兵士の半数以上が感染し、米軍では戦死した一〇万人の半数近くがスペイン風邪による病死だった。第一次大戦の総戦死者数の六割は戦病死で、そのうち三分の一はスペイン風邪が原因とされる。その後感染は六月にはアフリカ、アジア、南米まで広がり世界的大流行となった。

日本でも八月下旬から流行が始まる。ウイルスがどこから日本に入ったのかに関しては、五月上旬に南洋方面から横須賀に帰港した軍艦の乗員や九月に横浜に入港した船舶の中に発症者がいたことなどが確認されているが特定はされていない。一〇月末には工場労働者、鉄道会社従業員、医療従事者など経済活動や公共サービスの中核を支える人々にも感染が広がり、十一月には全国的な大流行となった。旧内務省衛生局がまとめた記録によれば、感染者数は当時の日本の人口約五六〇〇万人のうち二三八〇万人と約四割にまで達した。政府だけでなく社会全体で何とか感染拡大を防ごうと様々な対策がなされたが、中心となったのは外出時のマスクや手洗いの励行、今で言うところの「三密」、すなわち密集、密閉、密接の回避など現代と大きくは変わらないものだった。

5　新型コロナウイルスと経済

スペイン風邪の世界的大流行からほぼ百年が経った二〇一九年末、新型コロナウイルス、後に

ＣＯＶＩＤ－19と呼ばれる、光学顕微鏡では捉えられないわずか一〇〇ナノメートル、一センチの一〇万分の一の小さな生命体が静かに広がり始め、年明けとともに中国の武漢市を起点に人類に襲いかかった。

ＣＯＶＩＤ－19は、無症状の病原体保有者の数が多く、感染力が強い。症状が出ても多くの人は咳や発熱などの軽症で終わるため、感染しても気づかない。一方で、高齢者や何らかの疾患がある人には、牙をむいて襲いかかる。肺炎が急速に悪化し、多くの場合、人工呼吸器が必要となり短期間で死に至る。普段は鳴りを潜めて多くの人に感染し、ところどころで突然牙をむく狡猾な性質を持つウイルスだ。

新型コロナウイルスがもたらす死の恐怖の顕在化は、世界中で需要と供給を同時に抑え込み、経済に破壊的な収縮をもたらした。まずは命を守ることが最優先となり、社会的隔離、分離、封鎖などの措置がとられた。命が守られない限り、ウイルスを恐れて人々は買い物にも、旅行にも出かけない。一方で命を守る政策を進めれば進めるほど、経済活動は止まり、雇用や経営の安定は瞬く間に危機に瀕した。経済システムは「つながり」と統合によって成り立っているのに対して、一連の感染症対策は、グローバル化の進展とともに国内外で緻密に形成されてきたサプライチェーンなどの「つながり」を次々断ち切っていった。

6　過去のパンデミックからの示唆

過去のパンデミックの経験は現代に生かされているだろうか。ウイルスを抑え込む特効薬もワクチンも存在しないのは今も同じだ。それでも科学技術の発展した二十一世紀の現代は、ウイルスとの戦いにおいて当時と比べればはるかに有利な状況にあるはずだが、依然として残されたままの課題も多い。

第一の課題は国際協力の難しさだ。スペイン風邪の際は戦争という非常時の中で、人類史上最大の死者数となる流行が世界を襲ったため、多くの参戦国が感染に関する情報を秘匿した。そのため国境を越えた感染拡大を防ぐための国際協力の機会も失われた。世界中をつなぐ情報ネットワークが整備された今日においても、国益を損ねるとの判断のもと政府の意思によって情報が意図的に秘匿される事態が起こった。感染拡大を防ぐには、国際協力が不可欠であるにもかかわらず、各国間に政治的な緊張関係がある場合は平時でも協力は妨げられた。

一方、国際協力が実現すれば確実に社会の進歩につながる。一九世紀にコレラが全米を襲った当時は、米国の公衆衛生システムはまだ整備されておらず、大都市の大通りでも豚や山羊がうろつき、ゴミをあさっている状態だった。一八六六年にコレラの大規模感染が広がると、ニューヨーク市は医療関係者をメンバーとするメトロポリタン衛生委員会を立ち上げ、その後同様の動きはシカゴ、ボストン、ミルウォーキーなど他の大都市にも広がっていく。やがて、下水道整備など都市のインフラ整備の進展へと発展し、衛生水準の向上は感染症も含めた致死率低下へとつながっていった。コレラ対応が促した米国の公衆衛生改革は、その後国境を越えて世界に広がっていった。

コレラの流行以降、感染症の国境を越えた拡大が国家の役割を大きく変貌させていった。感染症は、国際協調なしには解決できない最初のグローバルな課題となった。一八五一年、欧州各国はコレラ、ペスト、黄熱病への対応にかかる膨大なコストを引き下げる協調体制を構築するため、国際衛生をテーマとした最初の国際会議を開催した。この会議は後に国際的な感染症管理を目的とした国際条約へ、さらに国際的な衛生専門組織の設立につながっていく。国際協調は各国の対応コストを引き下げ、個別ウイルスへの対応を超えて公衆衛生の水準を高める起点ともなった。

今回のコロナウイルス感染では、国際協力の中心となるべきWHO（世界保健機構）に対して、米国のトランプ政権は一貫して批判を続け、七月にはついにWHOからの脱退を通告した。トランプ政権の批判は二点に集約される。第一は、WTOが中国寄りという批判だ。象徴的だったのは一月二八日に訪中したWHOのテドロス事務局長が習近平国家主席との会談で「中国の力強い措置が世界を敬服させている」と発言し、感染が広がりつつある中で中国の対応を称賛したことだった。この発言が、中国の感染封じ込めや中国から世界への拡散の可能性について、楽観的見通しを発信する結果になったことは確かだ。第二は、WHOは基本的な義務を果たしていないという批判だ。

これらの批判は現状のＷＨＯが持つ機能の限界を象徴している。ＷＨＯは加盟各国に必要な指針を与え、連携を促し、協力に向けた調整を任務としているが、いずれも強制力はなく、加盟国の自発的な協力を前提としている。感染症対応の国際条約である国際保健規則(International Health Regulations)には、各国が自国の領域内で国際的拡大のおそれのある公衆衛生リスクを確認した場合には、二十四時間以内に通報することを義務付けているが、現状ではこのルールを遵守している国は全加盟国の半分以下にすぎない。現実には感染拡大を発見する初歩的な監視能力が整備されていない国も多い。ＷＨＯは、発生が疑われる国への立ち入り調査の権限もないため、発生国が自発的に申告する情報に期待するしかないのが実態だ。二〇〇三年のＳＡＲＳの感染拡大の際には当時の事務局長が中国の対応を批判したため、その後の中国との情報共有に支障をきたした。今回もコロナウイルスの感染拡大を食い止めるためには、ウイルスの発生源である中国のデータが不可欠であり、テドロス事務局長が中国に特別な配慮を行ったとすれば、それはＷＴＯの限界が招いた帰結とも言える。ＷＨＯが、今回のコロナウイルス感染をパンデミックと宣言したのは三月十一日で、世界経済は既に混乱の渦の中にあったが、この時点ではまだ感染者の八割を中国が占めていた。

第二の課題は水際対策の難しさだ。スペイン風邪の流行は旅客機による移動の歴史が始まる以前の時代で、現代と比べれば国境を越えた人の移動がはるかに限定されていたにもかかわらず、島国の日本でもウイルスの流入を防ぐことができなかった。これは水際対策の難しさと、いったん感染が広がり始めた時の感染拡大を抑えることの難しさを示している。強制的に人の流入を抑えることは相手国との外交関係に少なからず悪影響を及ぼすため、政治家の決断を躊躇させる事態も起こる。

日本における厚生労働省の水際対策の初動は二〇二〇年一月六日のリリースだった。そこには中国湖北省武漢市で原因不明の肺炎が発生し、五十九の症例を確認、うち七例は重症と書かれている。しかし、前年の十二月三十一日には武漢市が原因不明のウイルス性肺炎の発生を発表しており、台湾は三十一日の夜から空港の検疫を強化し、香港も一月三日には空港での体温検査を実施している。一月十一日になって武漢市は、原因不明の肺炎患者を確認したのは十二月八日だったことを公表した。結果として、厚生労働省の初動の時点では、武漢市での最初の感染患者確認から一ヶ月が経過していたことになる。

いったん感染が広がり始めると事態は猛スピードで展開していく。厚生労働省のリリース直後の一月九日には中国の国営中央テレビ（CCTV）が武漢で発生した原因不明の肺炎の患者から新型コロナウイルスが検出されたことを報じた。十一日には初の死者も確認される。この後、中国からの渡航者とともに感染は一気に世界へ広がっていった。

日本国内では一月一五日に最初の感染者が確認された。武漢滞在中の三日に発熱し、六日に帰国、一〇日から入院していた。この後、政府は対策強化に乗り出したが、二十一日に中国全土に対し四段階ある感染危険情報のうち最も低いレベル一の「渡航注意」、二十三日になって武漢市に対してレベル二の「渡航自粛」という対応だった。

しかし、より大きな問題は中国からの入国者の方だった。中国国内の感染拡大を受け、中国当局は一月二十三日から武漢市を「都市封鎖」したが、一月二十四日から三十日までの春節（旧正月）の大型連休を前に既に五百万人が帰省や旅行で武漢市を離れていた。一月二十八日に発表された日本国内における武漢市への渡航歴のない初感染者はバス運転手で、春節で武漢から来たツアー客を乗せて東京・大阪間を往復していた。これを受けて日本政府は二月一日に武漢市のある湖北省に滞在歴のある外国人に限って入国拒否の措置を取った。その後、中国全土に入国規制措置を拡大したのは三月九日、四月に予定されていた習近平国家主席の来日延期を三月五日に発表した後のことだった。この間、米国は一月三十一日、豪州は二月一日には中国全土を対象に入国禁止措置をとっていた。

本来、国家がすべてに優先して守るべき国民の命が危険にさらされる未曾有の危機に直面する中で、各国政府の行動は外交や経済も絡んで必ずしも命が最優先とは限らなかった。

二〇〇三年に中国広東省の市場から始まったＳＡＲＳ（重症急性呼吸器症候群）、二〇〇九年にメキシコから始まったＨ１Ｎ１インフルエンザ、二〇一二年にアラビア半島で始まったＭＥＲＳ（中東呼吸器症候群）、二〇一四年から二〇一六年まで西アフリカで猛威を振るったエボラ出血熱など、二十一世紀に入ってからも人類は様々な感染症と戦ってきた。それらの中には、エボラ出血熱のように地域は限定されたものの、致死性の極めて高い感染症もあった。一方で、ＣＯＶＩＤ－19の感染拡大への対応を振り返れば、情報の秘匿、判断や対応の遅れなど、科学では解決できない政治、外交、リーダーの人間的要素などが大きく影響している。有効なワクチンが開発され、必要な数量が確保されるまでの対策も、三密の回避、外出時のマスク着用など、一〇〇年前のスペイン風邪の際と基本は変わっていない。

第3章　リスクを前にたじろぐ国家

1　急速に悪化する経済

感染が世界へ広がっていくとともに、短期間で人やモノの流れが止まり、カネの流れが止まり、企業経営も一気に悪化した。世界経済は戦後最大の危機に陥った。とりわけ人やモノの移動に直接関わる航空産業、部品などのロジスティックが国境を越えて分断された自動車産業、経済活動が止まり需要が急減した資源・エネルギー産業などでは一気に赤字に転落する企業も続出した。多くの国で雇用も急激かつ広範囲に失われていった。

米国ではコロナ感染拡大前の二〇二〇年一月までは労働市場はほぼ完全雇用状態にあり、失業率は三・六%と歴史的低水準にあったが、四月には一気に一四・一%まで上昇し、戦後最悪となった。この間、就業者数は約二〇〇〇万人減少し、リーマンショック後に一〇年かけて積み上げてきた増加分がわずか数ヶ月で消失した。日欧は、雇用確保や時短勤務を公的支援で支えることにより失業率上昇を抑えたものの、潜在的な失業者数は急増していった。

「死に至る病」の恐怖を前にしては政策の優先順位は変わらざるを得ない。一般の景気後退時とは異なり、短期間で感染拡大を止めるために政策的にヒトの動きを抑えることが優先されたため、経済は急速に悪化した。時間の経過とともに企業や個人の信用不安も急速に顕在化し、公的支援などによって信用不安を抑え込む政策がとられた。これらの政策は経済を回復に向かわせる政策ではなく、経済が再起動できるまで経済活動の主体となる企業や個人、基盤となる金融システムなどを崩壊させないための「守りの政策」だった。

過去の大恐慌や世界的な経済危機によって金融システムが不安定化した際には、中央銀行が大規模な金融緩和によって潤沢な資金を供給し、経営が悪化した金融機関を救済することによってシステムを維持してきた。また需要が極端に縮小した場合には公共投資や減税などの財政政策によって需要を創出し、時間はかかっても危機を脱出してきた。こうした景気を回復に向かわせるための伝統的政策は、感染収束の目処が立ち、命の危険が減少するまでは効果が限定された。

2　国益に立ち戻る国家

国境を越えてヒト、モノ、カネの移動を可能な限り自由にするグローバリゼーションの潮流の中で、企業は、本国にとらわれることなく、比較優位のある経営資源にアクセスし、無駄を省きコストを削減して効率化を追求するとともに、新たなビジネス機会を求めて市場を世界に広げてきた。個人もまた世界から豊富な製品やサービスをより低価格で手にする機会を得て生活を向上させてきた。しかし、感染の広がりはグローバル経済が、国を超えた危機の発生に際しては極めて脆弱であることを明らかにした。

グローバリゼーションの進展により、サプライチェーンの広がりを通じて他国との相互依存が深まり、いかなる国も自国が必要とする製品や部品を自国だけで確保することはできなくなった。既に多くの国の経済がグローバルなサプライチェーンのネットワークに組み込まれている。効率化の追求は無駄をより少なくしたが、一方で危機に直面した際の安全弁となる余裕や緩衝材となる部分は小さくなり経済システムは不安定化した。

いかなる体制であっても、国家は歴史、文化をともにした共通の利益に基づいて存立しているため、危機に際しては自国民の安全と財産を保護する立場を鮮明にする。コロナウイルス感染が中国国内だけでなく世界的に広がる中で、中国に進出した外国資本のマスク生産企業は短期間で生産体制を強化し、供給量を拡大した。しかし、中国政府が国内で供給されるマスクをすべて買い上げることを宣言し、すべての企業に対して中国国内に優先して供給することを要求したため、結果として中国以外の感染拡大国のマスク不足はより深刻化し、感染拡大への対応はより困難となった。EUでも加盟各国は単一市場を前提に自由貿易を誓約してきたはずだったが、中核国のドイツ、フランスでさえなりふり構わぬ自国優先の政策をとった。

国民の命と安全が脅かされる疑似戦争状態のような危機にさらされた国家は、たとえ同盟国や近隣諸国に悪影響や損害を与えることとなっても、重要な製品の輸出を停止させ、供給を国内にとどめようとした。

3 高まる「国家資本主義」中国のプレゼンス

中国政府は全国規模での大規模隔離、都市封鎖、渡航制限、外出制限などにより感染拡大に対応し、収束の兆しが見え始めた二月下旬からは早くも感染抑制と経済回復の「二兎を追う」政策に転換した。二〇二〇年一－三月期の実質経済成長率は前年同期比マイナス六・八％と四半期ベースの記録が残る一九九二年以降で初めてのマイナス成長となったものの政府主導で世界のどの国よりも強力な隔離、分離、封鎖政策を取ったことにより真っ先に感染を抑えこみ、金融などの信用不安も回避した。

中国は新型コロナウイルスの感染拡大を最初に起こした国として国際的な批判にさらされたもものの、先行して感染抑え込みに成功したことにより、経済回復でも先行した。他国へのマスク、人工呼吸器、酸素吸入器、医薬品などの支援によって、国際社会に貢献する責任ある大国として影響力を高める機会も獲得した。イタリアが三月上旬に医療機器や防護服などの援助を求める緊急アピールを出した際、同じ時期に国内の感染拡大に直面していた他のEU諸国は応じることができなかったが、中国は二〇〇万枚のマスク、一〇万の人工呼吸器、二万の防護服を送ると約束した。中国から医療物資を提供されたセルビアの大統領は、ヨーロッパとの連帯を妄想と切り捨て、「我々を助けてくれるのは中国だけだ」と語った。

中国はこれまで築き上げてきたデジタル技術で国民を監視するシステムによって、住民の外出時間や感染者をひとりひとり追跡するモデルが、ウイルス制圧に極めて有効であることも示した。危機に際して、個人の権利を制限し、いかなる強権的手段をとってでもリスクを短期間で抑え込むことを優先する「国家資本主義」中国のモデルが成果をあげたことに対して、西側の「民主資本主義」は私権を守りながら感染を抑え込む有効なモデルを見つけることができないまま米国、イタリアなどでは感染爆発を招いた。

4　国内対応に終始する米国

新型ウイルスと戦うために各国が必要とするモノの多くを中国が生産していたのに対し、米国は医薬品の七〇％以上を中国とインドからの輸入に依存するなど、国内の要請に応えられる備蓄もなければ、生産能力もなかった。ましてウイルスに苦しむ他国を支援する力は持ち合わせていなかった。

米国は二〇〇二年にパンデミックを国家安全保障政策の重要アジェンダとし、二〇一七年には国家安全保障戦略に格上げしていたが、トランプ政権が対中国戦略を優先し、パンデミック政策に関わる人員を削減していたことも政策対応を遅らせる結果となった。初期対応を誤った結果、米国は感染者数、死亡者数ともに世界最多となった。国内の死亡者数は、かつての朝鮮戦争時の三万六千人、ベトナム戦争時の五万人をはるかに超える事態となった。国内対応に追われるトランプ政権には、他国を支援する余裕もなかった。

平時だけでなく緊急時においてもグローバルな公共財を供給し、国際的な対応を調整する能力があることは、世界のリーダーとして信頼され、覇権国の地位にあるための条件だが、その役割を果たすためには国内の問題を適切に管理し、処理することによって国民の支持を確保することが前提となる。今後、米国が国民の意識と関心を再び世界に向けるためには、国内における政府の信頼回復が先決となろう。

5　統合が試されるEU

　EUではコロナ感染拡大の初期段階においては各加盟国が個別に対応した。近年金融危機に直面し、財政も悪化していたイタリア、スペインなど南欧諸国は医療や社会保障の体制も同様に弱体化していた。そのため、感染者の急増に医療体制が追いつかず、多くの死者を出すこととなった。感染が爆発的に増えた三月上旬、イタリアは他のEU加盟国に医療用マスクの支援を要請したが、いずれの国も自国の対応に追われ、応じる国はなかった。EUの中核国であるドイツはマスクなどの医療関連品の輸出を制限し、フランスは国による生産と在庫の管理に踏み切った。

　EUの基盤である単一市場がないがしろとなる事態に、イタリアのコンテ首相は「ウイルスに対処できなければ、欧州統合という計画は失敗に終わる」と憤ったが、EUが実際にイタリア支援に重い腰を上げたのは三月下旬になってからだった。EUは人工呼吸器など五千万ユーロ（約五十七億円）の支援計画を承認し、四月になってやっとノルウェーとルーマニアが医療チームを派遣した。

　こうした事態となった背景にはEUと加盟国が持つ権限の複雑な構造も影響している。通商政策や競争政策はEU共通で欧州委員会(注1)の権限が強いが、社会保障や公衆衛生の権限は各国が持ち、医療設備や公的保険の制度も各国間で大きく異なる。そのため制度的にも緊急時にEUが実行できることには限界があった。他国からの感染流入を防ぐために多くの加盟国が国境管理を導入したため、物流が停滞し、防護品や人工呼吸器の輸送が滞る事例も相次いだ。欧州委員会は検査手法や通常勤務の再開で守るべき指針などを相次いで示したものの、多くは強制力のないガイドラインにとどまり、最終的な判断は各国政府に委ねられた。

フランスのマクロン大統領が、連帯を示さなければ「イタリアやスペイン、フランスでも（EU懐疑派の）ポピュリストが勝利する」とEUの存在意義への危機感を示したように、危機を前にして改めてEUは統合の理念と基盤が問われる事態となった。対応を誤れば、経済悪化が長期化し、二〇〇八年のリーマンショック後に起きた欧州債務危機が再燃する可能性もあった。

一方で、歴史を振り返ればEUはこれまで危機への対応を通じて、統合を深化させてきた。EUの前身となった欧州石炭鉄鋼共同体と欧州経済共同体は、第二次世界大戦への反省から創設されたものだ。単一市場は一九七〇年代に悪化した経済への対応策であり、通貨同盟はドイツ再統一への対応として一九九一年に合意された。二〇一二年の欧州安定メカニズム(注2)(European Stability Mechanism)の創設もユーロ危機への対応の帰結だった。

当初マクロン大統領は経済再建のために各国共同でユーロ共同債を起債して資金を確保する「コロナ債」構想を提案したが、ドイツ、オランダなどが財政状況が悪く信用力が低い南欧諸国への過度な財政移転は借金の肩代わりになるとして反対したため棚上げとなった。しかし、五月になって欧州委員会は、マクロン大統領がドイツのメルケル首相とともに行った提案を受けて、総額七五〇〇億ユーロ（約九一兆円）の復興基金を創設する構想を発表した。その後の議論を経て、基金全体のうち三九〇〇億ユーロ（約四七兆円）を返済不要な補助金として、三六〇〇億ユーロ（約四四兆円）を返済が必要な融資として、加盟国に提供することとなった。EUが共同で借入れし、返済不要の補助金として被害の大きい加盟国に再分配する仕組みは、ドイツなど豊かな国からの実質的な富の再分配であり、将来の財政統合に途《みち》を開く可能性も秘めている。

感染拡大への対応をめぐって、EUにおける法と民主主義のあり方も改めて問われることとなった。圧制や暴力ではなく、議論によって対等な民主的関係のなかで合意を形成することが欧州を起源とする市民社会の論理であり、欧州統合もその基盤の上に成り立っている。一方で、近年の欧州では排外主義的なポピュリズムが隆盛となっている。とりわけポーランド、ハンガリーなどの中欧諸国では、排外主義的政権による独裁政治の傾向が強まっており、メディア統制・報道の制限などにより表現の自由を封じ、難民・移民の流入を制限する政策を進めている。コロナ感染に対応して各国は「ロックダウン（都市封鎖）」や「非常事態宣言」を実施した。緊急時とはいえ、これらの措置は一歩間違えば個人の権利を制限し、強権政治の手段となる。コロナ感染が広がる中、危機感を強めたフォン・デア・ライエン新欧州委員会委員長（二〇一九年十二月就任）は、三月三十一日に、「加盟各国の緊急対策の実施状況を注意深く監視する」との声明を発表し、各国政府に冷静な対応を求めた。併せて、ドイツなど十三の加盟国も「法の支配と民主主義」侵害の懸念について声明を発表した。

第二次大戦の破局から生まれ、何度もの危機を経ながら発展してきたＥＵだが、近年は英国の離脱や反ＥＵのポピュリズムの台頭など新たな試練に直面している。コロナ感染をめぐる危機への対応を誤まれば、ＥＵは崩壊へ向けた歩みを早める可能性もあったが、復興基金創設に合意し、統合の前提としての民主政治の基盤を維持する意志も示した。しかし、ＥＵが英国の離脱、コロナウイルス感染危機を乗り越えて再び統合深化への勢いを取り戻し、国際社会におけるプレゼンスを回復するのは容易な途《みち》ではなく、新体制にとって感染終息後の重い課題として残されている。

猛スピードで感染が広がる中で、多くの国の政府はたじろぎ、自国優先の内向きの政策に突き進んでいった。リーマン・ショック後の金融危機の際のように、Ｇ７、Ｇ20での協調行動がとられることもなかった。感染症対策のための国際協調の場であるＷＨＯも期待された役割を果たすことができないまま、事態はさらに悪化のスピードを速めることとなった。ポピュリズムとナショナリズムが台頭し、米中が激しく対立する中では、パンデミックへの対応を進められるような多国間の協調基盤は空洞化していた。

（注１）欧州委員会とはＥＵ（欧州連合）の行政執行機関。

（注２）欧州安定メカニズム（European Stability Mechanism）は、財政危機によって市場での資金調達に苦慮しているユーロ圏加盟国に対して金融支援を行い、欧州の金融市場の安定を保つことを

目的としたユーロ圏加盟国のための金融支援機関。

第Ⅱ部　Geo-Challenges の時代

第4章　深化する地球規模の課題

1　混迷する世界への四つの視座

地球という惑星は生物が生き続けることが困難な自然環境に向かって猛スピードで進んでいるかのように見える。一方で、米国と中国という軍事力も経済力も兼ね備えた二大超大国が長期にわたって対峙する歴史上稀有な状況の中で、グローバルな危機への対応は混迷を極めている。Geo-Challenges、すなわち世界が直面する地球規模の課題に関して、四つの視座に立って複眼的に捉えてみよう。

Geo-Challengesは、軍事・安全保障を中心としたGeo-politics（地政学）、通商・貿易・競争ルールなどを中心としたGeo-economics（地経学）、技術・産業覇権をめぐる摩擦や対立などのGeotechnology（技術地政学）、地球環境問題の深刻化の生態系や社会経済への影響を中心としたGeo-environment（環境地政学）によって構成される。

2 Geo-politics（地政学）とは何か

Geo-politics（地政学）とは、地理的な環境が国家に与える政治的、軍事的、経済的な影響をグローバルな広域的視点で見る戦略的思考である。国家にとって地理的にどこに位置するか、近隣にはどのような国が存在するのか、どのような歴史を経て今日に至っているか、どのような民族や宗教によって構成されているかなどは基本的に変化しにくい要素である。それらは国家の外交や安全保障に深く影響を及ぼし、国家間の対立や摩擦の原因ともなる。現在の米中対立に象徴されるように覇権国の地位が揺らぎ、国際秩序が不安定化する時代においてはこうした要因がより顕在化する。

冷戦終結後、唯一の覇権国となった米国は民主主義や市場経済を世界に拡大し、リベラルな価値の共有のもとに、国連多国籍軍の活用など集団的安全保障による、新たな国際秩序の構築を目指した。しかし、アフガニスタンやイラクでの戦争の混迷を経て、国際協力による平和の実現は行きづまり、一方で中国という権威主義的な非民主主義国家の台頭を前に、再び軍事力で圧倒的優位を確保することによる国家安全保障に立ち返っている。

国土が海洋に囲まれ強大な海軍力を有する海洋国家（シーパワー）である米国に対して、中国は内陸において複数の国と国境を接し、強大な陸軍力を有する大陸国家（ランドパワー）であるが、近年は南シナ海や東シナ海での制海権確保やインド洋に進出してスリランカの港湾を影響下に入れるなど、海洋大国を目指す動きを強めている。

陸・海・空などの地理的空間における安全保障だけでなく、近年は宇宙空間、サイバー空間の重要性も高まっているが、中国はここでも存在感を高めている。

米中対立が深まる中で、足元の世界は法やルールに基づく国際秩序という「理想」から、力による支配という「現実」に向かっている。

3　Geo-economics（地経学）とは何か

Geo-economics（地経学）とは、国益を守り、推し進めるために経済的手段を用いることにより他国の経済行動を促すことを意味する。戦後の世界では、覇権国である米国が、一九七〇年代にはニクソン政権、一九八〇年代にはレーガン政権、一九九〇年代にはクリントン政権において、経済的に台頭する貿易黒字国に対して黒字削減の具体策を求める圧力をかけてきた。かつての日米貿易摩擦や日米構造協議（Structural Impediments Initiative）もその代表例である。

近年は特定の製品や技術の供給を絞るなど、外交や防衛のために経済的手段を用いて相手国に政策転換を強制する「エコノミック・ステイトクラフト」（ES：Economic Statecraft）の戦略的活用が拡大している。とりわけ近年ESを経済外交の手段として最も多用してきたのは中国だ。世界最大の国内市場を背景に、他国が自国の意向に反する政策を取った場合には、輸入制限をかけたり、希少資源の輸出を制限するなどの圧力をかけてきた。二〇一〇年に日本が尖閣諸島を国有化したことによって日中間の緊張が高まった際には、日本へのレアアースの輸出を一時規制した。二〇二〇年四月にオーストラリア政府が新型コロナウイルスの発生源調査を世界に呼びかけた際には、オーストラリアからの農産物輸入を制限し、中国への貿易依存度が全体の三割弱を占めるオーストリアの経済に打撃を与えた。また、経済基盤の脆弱な新興国に対しては、経済支援を梃子に一方的な依存関係を構築して、中国の意向に沿った行動をとらせる外交も拡大してきた。

米国でも、中国の動きに対抗して、オバマ政権の末期から、ESをより洗練された形で活用すべきとの議論が高まっていた。トランプ政権は中国に対して関税引き上げによって、知的財産権の保護や強制的技術移転の撤廃を求めるだけでなく、同盟国の韓国に対しても在韓米軍の引き揚げを交渉材料に米韓自由貿易協定の改定を迫ってきた。

日本も二〇一九年七月、元徴用工問題などにより日韓関係が悪化する中で、韓国向けのスマートフォンのディスプレー用の「フッ化ポリイミド」、半導体基板に塗る感光材「レジスト」、半導体洗浄に使う「フッ化水素」の三品目について輸出規制を厳格化する措置を発動した。日本政府は二〇一九年十月に外務省に総合外交政策局、二〇二〇年春には内閣官房の国家安全保障局に経済班を新設してESの体制を強化している。

4　Geo-technology（技術地政学）とは何か

Geo-technology（技術地政学）とは、技術革新とそれがもたらす軍事、産業、社会のイノベーションが国力を規定するとの考え方に立って、研究開発、投資や技術移転等に関して政策手段を駆使して、他国に対して技術的優位性を確保し、安全保障、経済、産業の優位につなげることを意味する。インターネットに代表されるように、これまで圧倒的軍事予算を背景に、米国は軍事分野における新たな技術開発の民間移転により長期間にわたって世界のイノベーションをリードしてきた。一方、中国は国家主導で、多額の国家予算を投入した次世代技術開発と民間主導のビジネスモデル、アプリケーション開発という新たなイノベーションモデルによって米国との差を急速に縮めている。

もともと米国の国家安全保障は、軍事だけでなく、経済、通商も含めた包括的な優位によってもたらされるとする考え方に立っている。とりわけトランプ政権が、安全保障の基本方針として示した「国家安全保障戦略」（二〇一七年十二月公表）、「国家防衛戦略」（二〇一八年一月公表）では、国家資本主義に基づく異質のルールに依拠する中国は米国だけでなく国際秩序を脅かす脅威と位置づけている。中国に対する技術優位を将来にわたって維持するためには、輸出、技術移転、買収などに伴う機微《きび》技術(注1)の中国への流出を防ぐことが不可欠との認識に立ち、他国も巻き込んだ中国包囲網を構築しようとしている。

(注1) 機微技術とは、武器や大量破壊兵器など軍事転用が可能な技術

5 Geo-environment(環境地政学)とは何か

Geo-Environment(環境地政学)とは、地球環境の悪化が、各国の国土や自然にもたらす影響を踏まえた国の安全保障の再構築を意味する。近年、世界的な自然災害の増加が、サプライチェーンの寸断などにより企業活動を停滞させ、経済的損害をもたらしているだけでなく、復旧・復興に伴う国家の財政負担を増大させている。

また、温暖化により北極の氷が溶けることが、各国の経済権益や軍事力の位置づけを大きく変える可能性もある。これまで氷に閉ざされていた海洋に、アジアと欧州、アジアと米国東海岸を従来より飛躍的短時間でつなぐ新たな航路が形成される。これまで北極海に眠っていた石油、天然ガスなどが採掘可能となり、沿岸のロシア、ノルウエー、デンマーク、米国は新たな天然資源の権利を手にする。北極周辺の海洋の軍事利用も可能となり、中国と並ぶユーラシア大陸のもうひとつのランドパワーであるロシアは、これまで海洋への出口とが限られていたが、新たな不凍

港を得て海洋への軍事的選択肢が大きく広がる。

次章からは、Geo-Challenges の四つの視座でとらえたグローバル社会の課題を個別に見ていこう。

第5章　Geo-politics：常態化する「紛争と対立」、弛緩する同盟

1　サイモンとガーファンクルの「アメリカ」

覇権国の地位をめぐって米国と中国が対峙し、第二次大戦後米国中心に構築されてきた国際秩序が不安定化している。米国と中国はこれからどこへ向かおうとしているのだろうか。歴史を少し遡って少し長い時間軸の中で考えてみよう。まずは、戦後の世界を主導してきた米国について時間を巻き戻してみたい。

サイモンとガーファンクルは数々の名曲を生んだアメリカのフォーク・ロック・デュオである。とりわけ一九七〇年に発表された「明日に架ける橋」（原題：Bridge over Troubled Water）は、この年のビルボード年間チャート一位を獲得し、日本も含め世界的に大ヒットした。現在も多くの

歌手にカバーされるスタンダードナンバーとなっている。

サイモンとガーファンクルは、他にも映画『卒業』で使われた「サウンド・オブ・サイレンス」(The Sound of Silence)、「ミセス・ロビンソン」(Mrs. Robinson) など数多くの名曲を残している。それらの中で、一九六八年にリリースされたアルバム『ブックエンド』の中に収められているる「アメリカ」(America) は、その後シングルでも発売され、ビルボード誌で最高五十三位のスマッシュヒットとなった。歌詞は、若い恋人同士が長距離バスに乗って旅を続ける風景を短編小説のようにつづっている。女性の名はキャシー (Kathy)、ポール・サイモンのかつての恋人の名前である。二人は、ゲームに興じたり、雑誌を読んだり、たわいのない冗談を言い合ったりしながらバスの旅を続ける。気づいたら横で眠ってしまっている恋人に、男は「キャシー、僕はなくしてしまったんだよ」、「僕は空っぽで苦しいのに、それがどうしてなのか分からないんだ」と語りかける。一貫してけだるさと憂鬱《ゆううつ》を漂わせるメロディーのサビの部分では、「僕はアメリカを探しに出てきたんだ」(I've gone to look for America)、さらにエンディングでは「みんな、アメリカを探しにやってきたんだ」(All come to look for America)。

この曲が作られた一九六八年、多くのアメリカの人々は、自らの国「アメリカ」とは何なのかを見失い、その答えを探し求めていた。共産主義のアジア各国への拡散を防ぐという大義のもと、圧倒的な軍事力を持って介入を深めたベトナム戦争においては、一月にテト攻勢（テトはベトナムの旧正月の祝日）と呼ばれる北側の一斉ゲリラ攻撃が起こり、南ベトナムのサイゴンにあった米国大使館も一時占拠された。テト攻勢の現実、北ベトナム全土で行われた空爆の悲惨な実態も一般家庭のテレビで放映されるようになり、国民は終結間近のはずの戦争が、実は泥沼化していることを知る。

長年公民権運動を主導し、「米国における人種偏見を終わらせるための非暴力抵抗運動」への貢献によってノーベル平和賞を授与されたマーティン・ルーサー・キング牧師が、遊説中のテネシー州メンフィスで白人男性の凶弾に倒れたのもこの年の四月のことだった。

一九六八年は今年と同様、大統領選挙の年でもあった。現職のジョンソン大統領が不出馬を表明した民主党の有力候補となったのは、暗殺されたケネディ元大統領の弟、ロバート・ケネディだった。貧困の撲滅、人種差別撤廃を掲げ、キング牧師が暗殺された四月四日には警察の反対を押し切って「私の家族も白人によって殺された。今この国に必要なのは分裂ではない。今この国に必要なのは憎しみではない」、とインディアナポリスの黒人街で訴えた。しかし、カリフォルニアの予備選に勝利し、民主党の指名が確実となった直後の六月、彼もまたロサンゼルスのホテルで銃撃を受け倒れる。結局、この年国民が最終的に選んだのは、公民権運動や反戦運動が暴徒化、過激化しているとし、法と秩序の回復を訴えた共和党のリチャード・ニクソンだった。ただし、民主党のハンフリー候補に対してわずか一・二%という僅差での勝利だった。

現代の米国の風景は大きく様変わりしている。一九六八年以来約五九〇〇万人の移民が米国に到着し、その子どもや孫を含めると七二〇〇万人の移民が米国の人口に加わった。白人の比率は八四％から六二％へ大きく低下し、逆にヒスパニックの比率が四％から一八％へ上昇、一一％から一二％とほぼ横ばいにとどまっている黒人の比率を超えた。一九六八年の米国では、誰も想像しなかったであろう黒人大統領が誕生してやがて十二年がたとうとしている。〝CHANGE〟を掲げて大統領に就任したバラク・オバマも、「アメリカ」社会の底流に残る人種差別を一掃することはできなかった。

半世紀近くの時が流れた二〇二〇年の大統領選挙においても、再び多くの人々が「アメリカ」を探し求めているかのように見える。二〇一七年にバラク・オバマの後を引き継いだドナルド・トランプは、世界秩序の安定のために米国が果たす役割や責任に関する政策の優先度を引き下げ、国内の経済、雇用、生活、安全など国民の身近な関心を意識した政策に注力してきた。民主主義、自由貿易、人権といった米国が世界に提起し、各国にその実現を求めてきた理念や大義は片隅に追いやられたかのように見える。

コロナウイルス感染が全米に爆発的に広がりつつあった二〇二〇年五月二十五日、ミネソタ州ミネアポリスで「偽造貨幣が使われている」という通報を受けて現場に到着した白人警官が黒人男性の首を押さえつけて死亡させる事件が起こった。映像がネットで拡散すると抗議活動は全米に広がり、キング牧師の暗殺時以来の騒乱に拡大した。根深い人種対立に加え、コロナ感染が浮かび上がらせた所得格差や受けられる医療水準の格差が、デモを過激化させていった。やがて、抗議活動は反人種差別の抗議活動〝Black Lives Matter〟（黒人の命は大事だ）として世界に広がった。同じ時期に香港では中国の香港国家安全法の制定による統制強化に反対して大規模デモが起こった。トランプ政権は中国を非難し制裁を表明したが、自国のデモ鎮圧に対しても一時は軍による武力行使も辞さない姿勢を見せた。

二〇二〇年の「アメリカ」を探す旅は最終的にどこにたどり着くのか、それは今後の世界の地政学的地図を大きく塗り変える可能性も秘めている。

2　シルクロードと中国の構想力

ＮＨＫの朝の連続テレビドラマでも取り上げられた日清食品の創業者で、チキンラーメンやカップヌードル(注1)の開発者として知られる安藤百福は、社長を退任した晩年、ユーラシア大陸へ麺のルーツを探る旅をしている。

紀元前の時代から、シルクロードを経由して東西のさまざまな食文化が相互に伝わってきた。有名な麺の産地をめぐり、中国だけでも三百種以上の麺を食べたという安藤は、それらの産地を「麺ロード」と呼んだ。「麺ロード」は中国国内から西方のシルクロードへとつながっていく。

今から六千〜七千年前に、小麦がメソポタミアからシルクロードを経由して中国に伝わり、中国で小麦を使って麺が作られ、その後十三世紀の元の時代に、今度は西方に麺文化が広がったとされる。現代でも、中国国内からシルクロードへと向かう各地には独自の麺文化が存在する。かん水を使う手延べの著名な麺だけでも、東から順に、山東省煙台の西側に位置する福山の「福山大麺」、河南省の省都、鄭州の「魚焙麺」、かつての秦朝の都、陝西省の咸陽には「ビャンビャン麺」、甘粛省の蘭州には回族（イスラム教徒の少数民族）の「蘭州牛肉拉麺」、シルクロードに入り、新疆ウイグル自治区やその先の中央アジアのウズベキスタンなどイスラム文化圏には「ラグメン」がある。

中国を起源とする麺は、シルクロードの東西交流の歴史の中で、オアシス伝いにヒトからヒトへ、台所から台所へ、何百年もの時間をかけて伝えられていったのであろう。イタリアのパスタの起源に関しては、いまだ解明されていないことが多いが、中国の麺文化は中央アジアなどのイスラム世界を経て、最後はイタリアへたどり着き、スパゲティ、ラザニア、マカロニなど東洋とは異なる独自の「麺文化」を開花させたのかもしれない。

日本のラーメンも、中国から伝わった麺を日本人の好みに合わせて変化させていく中で、独自の麺文化として発展したものと考えられる。一方、安藤が日本で開発したカップ麺は、中国でも広く受け入れられ、今では新たな食文化として世界的に定着している。

現代のシルクロード構想といわれる中国の「一帯一路」（The Belt and Road Initiative）は、習近平が国家主席に就任して間もない二〇一三年に、「シルクロード経済ベルト」（陸のシルクロード）、「二十一世紀海上シルクロード」（海のシルクロード）として公表された。背景にはインフラ建設による中国国内の経済格差是正、中央アジア、西アジア、欧州へ向けての経済権益の拡大、鉄鋼、セメント、建設など国内で過剰となったインフラ関連産業の新たな市場確保などの政治的意図が見え隠れする。安全保障の観点でも、政治、経済、産業の中核機能が集積する沿岸地域が攻撃された場合を想定すれば、より脅威の少ない西方への開発を進めることは中国にとって重要であろう。

中国は「一帯一路」を、現代の「シルクロード」として世界が受け入れられるよう明確な大義も用意した。古代ユーラシア大陸が多くの戦争によって苦難を経験した中においても、シルクロードは一貫して協力と友好、そして文化伝承の象徴だった。古代シルクロードの精神を継承して、現代の平和と経済発展につなげるという大義にはどの国も異を唱えることはない。また、アジアインフラ投資銀行（ＡＩＩＢ：Asian Infrastructure Investment Bank）を創設し、資金面においても中国が大きな責任を果たす姿勢を示したことは、第二次大戦後、米国が西側諸国を対象に実施し、世界経済の復興に大きく寄与したマーシャル・プランを想起させる。

一方で戦後の国際社会において、自由と民主主義、投資や貿易の自由化による経済発展を掲げ、覇権国としての立場を確立してきた米国だが、自らが掲げてきたリベラルの理念や大義への自信が揺らいでいるかに見える。歴史上、覇権国が自らのあり方に疑問を抱き、その結果、同盟国との関係を過度に緊張させれば、覇権国としての基盤が揺らいでいく。近年、経済成長を背景に軍事力も急拡大させる中国が、政治、外交において世界を動かす新たな大義を提示する「構想力」こそ米国にとって最大の脅威であろう。

（注1）チキンラーメンとカップヌードルは、日清食品ホールディングスの登録商標

3　中国の二つの長期目標

鄧小平以来の歴代中国の指導者は、二つの長期目標を共有してきた。第一の長期目標は中国共産党創立一〇〇周年にあたる二〇二一年までに小康社会（いくらかゆとりのある社会）を実現し、経済規模で米国に並ぶことである。近年は二〇二〇年までに国内総生産と国民平均所得を二〇一〇年の倍にすることを目標としてきた。そのためには、二〇一六年から二〇二〇年の第十三次五ヶ年計画の期間において年平均成長率六・五％以上が必要だったが、コロナウイルス感染拡大による経済の停滞がなければ目標はほぼ達成されることが確実な状況だった。列強による搾取によって中国の人民が豊かになる機会を奪われてきたとの歴史認識に立ち、人民の豊かな生活実現を先導することは、今後も中国共産党のレゾンデートル（存在意義）である。

第二の長期目標は、中華人民共和国建国一〇〇周年にあたる二〇四九年までに政治、軍事両面で世界の覇権を確保することだ。短期的には米海軍の行動を牽制し、長期的には米国に対抗できる海軍力強化により、三つの列島線を想定して段階的に防衛線を拡大する計画である。

第一列島線とは、九州を起点に、沖縄、台湾、フィリピン、ボルネオ島にいたるラインである。中国にとっては、台湾有事の際の作戦海域であり、同時に対米有事においては、米国の空母や原

図表2 太平洋における中国の軍事プレゼンス

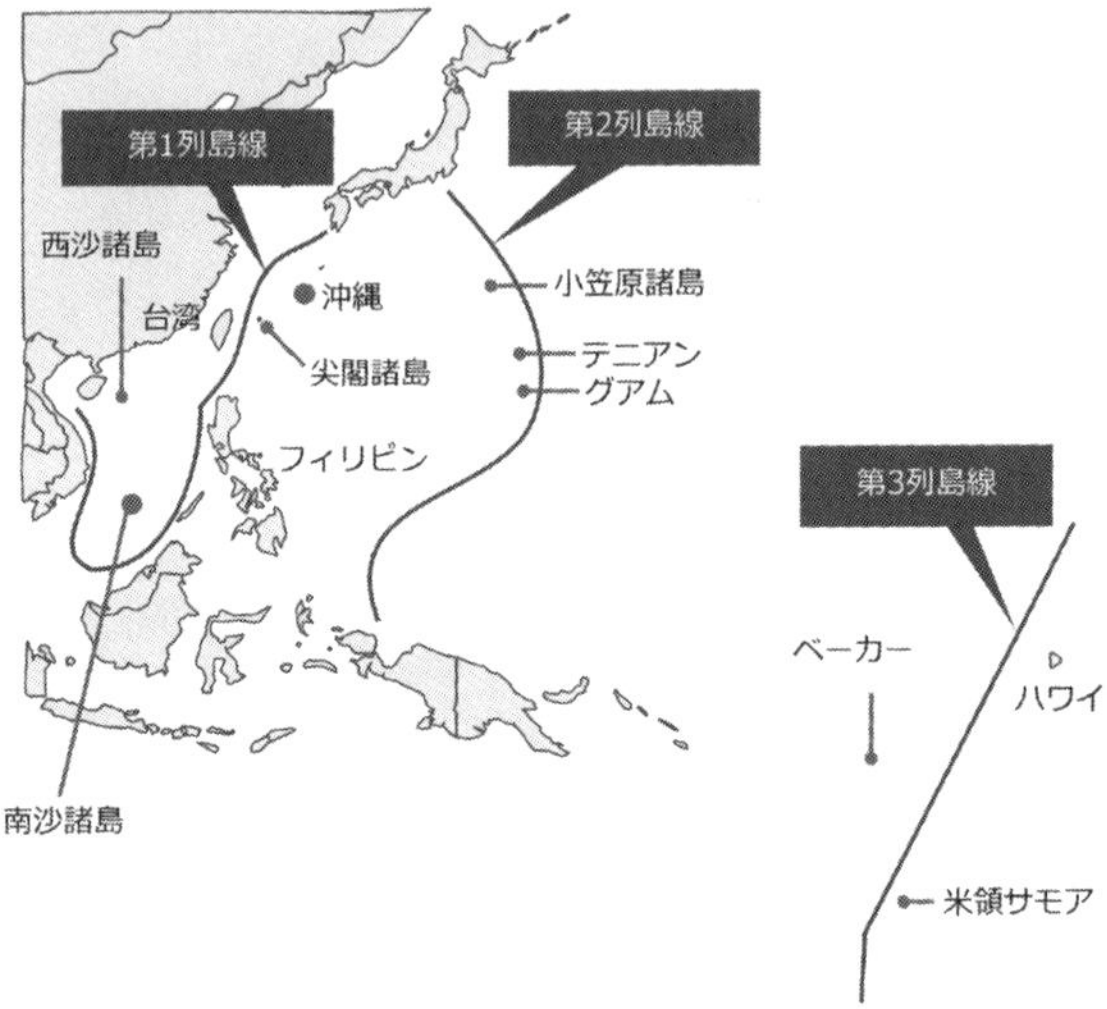

子力潜水艦が侵入するのを阻止すべきラインでもある。そのため、域内で制海権を握ることを最優先の目標として戦力の整備を進めている。とりわけ南沙諸島を領有することは、弾道ミサイルを発射できる中国の戦略原子力潜水艦が敵国に探知されることなく太平洋に進行することを可能にする。それにより、米海軍の行動を抑制し、対米抑止力を高めることができる。

第二列島線とは、伊豆諸島を起点に、小笠原諸島、グアム・サイパン、パプアニューギニアに至るラインである。台湾有事の際に、中国海軍が米海軍の増援を阻止する海域と推定される。中国海軍が、日本や台湾などが海洋防衛を展開する第一列島線を突破して第二列島線まで進出することは、「沿岸海軍」から「外洋海軍」へ転換することを意味し、活動域が飛躍的に拡大する。

第三列島線とは、ハワイからサモアを通り、ニュージーランドにいたるラインであり、その領域にはマリアナ諸島、パラオ、ソロモン諸島などが含まれる。これは二〇一三年六月に習近平が訪米して当時のオバマ大統領と会談した際に、「広く大きな太平洋は米中の両大国を受け入れる十分な空間がある」として太平洋分割統治論を提起した際のラインとも重なる。太平洋司令官だったティモシー・キーティングの上院軍事委員会での証言によれば、二〇〇七年五月にキーティングが海軍大将として訪中した際、中国海軍の楊毅少将は、将来中国が航空母艦を保有した場合、ハワイ以東を米国が、ハワイ以西を中国が管理する太平洋の東西分割管理構想を提案したという。

中国は、エネルギー資源の安全な輸入路の確保と台湾を含む南シナ海における権益保持を国家安全保障の最重要課題と位置付けている。その目的達成のため、三つの列島線を前提に「接近阻止・領域拒否」（Anti-Access/Area Denial）戦略をとっている。「接近阻止」とは、第一列島線の中国側海域への米国海軍の進入を「阻止」すること、「領域拒否」とは第一列島線と第二列島線の海域における米軍の自由な作戦展開を「拒否」することだ。台湾有事や尖閣列島周辺で日中軍事衝突が起こった場合などを想定し、米国の前方展開を困難にすることにより、米国がアジアに軍事展開することの合理性を低下させる。それによって、最終的には米国にアジアからの撤退を決断させ、アジア地域全体で中国の軍事派遣を確立することを目指すものだ。

米国がロシアとの中距離核戦力全廃条約（Intermediate-Range Nuclear Forces Treaty）によって、

約三〇年にわたって同条約で禁止されていた射程距離五〇〇〜五五〇〇キロの地上発射型弾道ミサイルと巡航ミサイルの製造と配備を行わなかった期間に、中国は地上発射型の短距離弾道ミサイル、準中距離弾道ミサイル、中距離弾道ミサイル、長距離巡航ミサイルの開発と配備を着実に進めてきた。その結果、現在は最大射程二一五〇キロの東風二十一型弾道ミサイル（DF21）を使えば、中国国内の基地から西太平洋を航行する米国の空母を攻撃することが可能だ。また、最大射程四〇〇〇キロの東風二十六型弾道ミサイル（DF26）はグアムの米軍基地も射程に入る。

当然のことながら、米国にとって太平洋はもちろんのことアジア、中東、北アフリカも含めた海洋での航行の自由を確保することは、安全保障の根幹に関わる問題であり、中国の構想は容認できるものではない。中国が今後も太平洋を東に向けて軍事展開を広げていけば、南シナ海から西太平洋にかけての広い海洋域で意図せざる軍事衝突のリスクも高まることになろう。

4　中国の夢

習近平国家主席は、二〇一三年の就任早々に「中国の夢」というスローガンを掲げている。「中国の夢」とは二〇一三年三月十七日に開催された第一二期全国人民代表大会第一回会議での習近平の演説では、「中華民族の偉大な復興の実現」として語られ、公式には国家の富強、民族の振興、人民の幸せ、という三つの夢とされている。一方、構想のもとになったとされる二〇一〇年発行の中国人民解放軍国防大学の劉明福教授の著書「中国の夢」では、別の三つの夢が語られている。それは建国百周年にあたる二〇四九年までに経済や科学技術の総合力で米国を超える「興国の夢」、二〇四九年までに人民解放軍を世界最強にする「強軍の夢」、台湾を統合する「国家統一の夢」である。台湾、香港を完全統合するとともに、日本を含む周辺国との領土問題を中国の利益に沿った形で結着させ、それによりアジアにおける中国の影響力を決定的に高める。それにより共産党一党支配体制のもとで軍事、経済両面で米国と並ぶ覇権国としての地位を確立する。これが「中国の夢」の実質的な意味であろう。

二〇一八年の全国人民代表会議（全人代）で国家主席の任期が撤廃された。「立ち上がり、豊かになり、強くなる」は習近平が演説で頻繁に使う表現だが、中華人民共和国を建国した毛沢東（立ち上がり）、改革開放により経済発展をもたらした鄧小平（豊かになり）とともに、富国強兵（強くなる）を実現した指導者として歴史に名を遺すまで指導者の地位を維持する覚悟なのであろう。それは「中国の夢」の完結であり、当然のことながら香港、台湾の統合も含まれることになる。

5　先鋭化する「内向的資本主義」対「国家資本主義」

トランプ政権の誕生とともに、自由と民主主義など第二次大戦後の国際秩序を主導してきた米国の理念はどこかに置き忘れてしまったかに見える。理念なき米国に対して、政府と企業が一体となり、個人の権利を犠牲にしても国家の価値を優先する国家資本主義の理念を明確にする中国が対峙する状況は、今後も長期化することが予想される。

中国の台頭は戦後の国際社会の秩序に新たな現実を突きつけている。第一に、歴史は進歩し、すべての国において経済発展とともに必然的に政治の民主化が進むというわけではない現実だ。逆に自由と民主主義の政治体制の国だからといって必ずしも経済発展するわけでもない。インドは民主主義が根づいた国だが、経済発展に関しては長年にわたり中国に大きく遅れをとってきた。米国は既に、中国では共産党による一党支配が今後も続き、近い将来政治的自由がもたらされることはないという認識に立った政策に転換している。

第二に、自由と民主主義は世界の全ての人々にとって絶対的な正統性を有するとの認識のもとに、安定的、持続的と信じられてきた戦後の国際秩序は、実は各国間における不断の外交努力と価値の共有を再確認する努力のもとに成りたつ極めて繊細なものだったという現実だ。中核的役割を果たすべき米国がその役割を、完全には放棄しないまでも、低下させる意図を明確にしたことにより、戦後長期に渡って形成されてきた国際秩序は一気に揺らぎ始めている。

6　揺らぐ国際秩序

米国は、米中国交回復を実現したニクソン政権以来、歴代政権が中国への「関与政策」、すなわち中国が経済的に豊かになるとともにいずれ民主化に向かい、国際社会の責任ある一員となることを期待し、米国市場への自由なアクセスを与える政策を続けてきた。しかし、中国が共産党一党支配のまま経済的、軍事的に台頭し、米国を脅かす存在になるという現実を前に、それは誤りだったとの認識が、オバマ政権の末期から民主党、共和党という党派を超えて広がっていた。トランプ政権発足後も大統領本人の発言には一貫性は見られないものの、ペンス副大統領をはじめとする政権幹部の発言には経済や通商も含めた対中国の統合的な安全保障政策の考え方が示されている。

二〇一八年一〇月にペンス副大統領が代表的保守系シンクタンクであるハドソン研究所で行った演説は、伝統的な米国の安全保障の考え方に立ち、軍事だけでなく経済、通商における中国の脅威へ対抗する政権の包括的な対中政策を示している。まず軍事面では、中国がアジアにおいて中国を除く全てのアジア諸国の合計と同水準の軍事費を投入し、陸海空で米国の優位を脅かしているとし、とりわけ、南シナ海における人工島や軍事基地建設には明確な軍事的意図があると指摘している。貿易においても米国の対中貿易赤字が三七五〇億ドルまで膨張したのは中国が関税や為替の操作、強制的技術移転、知的財産権の侵害によって自由で公正な貿易を阻害した結果と断じている。人権に関しても中国を世界に類を見ない監視国家であるとし、インターネットの検閲、キリスト教、仏教、イスラム教などへの宗教弾圧にとどまらず、米国の選挙への介入に関してもロシア以上に大規模に行っているとしている。

さらに二〇一七年十二月に公表された国家安全保障戦略、二〇一八年一月に公表された国家防衛戦略では、クリミア併合やウクライナ内戦へ介入を続けるロシアとともに、東シナ海や南シナ海で軍事プレゼンス拡大を続ける中国を、国際秩序を脅かす「修正主義勢力」と位置づけている。国防総省が毎年公表している「中国の軍事力に関する年次報告書」の二〇一八年版（一八年八月公表）では、近代化を進める中国人民解放軍が米国の軍事的優位を脅かしつつあるとし、中国の爆撃機がグアムを含む西太平洋にある米国と同盟国の軍事基地への空爆能力を高めているとして、対抗の必要性を強調している。

ペンス演説や一連の報告書には台頭する中国に対する覇権国としての米国の危機感が表れている。一方で、政府と企業が一体となり、個人の権利を犠牲にしても国家の価値を優先する国家資本主義の理念を明確にする中国が、国家体制や経済発展を支える制度や仕組みに関して妥協する範囲は限られている。トランプ政権が二〇二〇年五月に議会に提出した報告書「中国に対する米国の戦略的アプローチ」では、今後の米中関係を異なるシステム間での長期的な戦略競争と結論づけている。米国は、国家の安全は軍事だけでなく、経済、通商も含めた包括的なシステムの優位性によって担保されるとする国家安全保障の基本に立ち返って、国家資本主義という異なるシステムに立つ中国との長期戦に臨む覚悟を決めたということだ。

一方で、トランプ政権の内向きの政策は冷戦時代から自由と民主主義の理念を共有してきた米国と同盟国との関係にも大きな変化をもたらしている。米国はＮＡＴＯ（北大西洋条約機構）に国防費増額を求め、ドイツ、フランスは欧州の自主防衛力強化の姿勢を強めている。米国の関与低下によるNATOの実質的な弱体化は、ウクライナなど旧ソ連諸国への影響力を強めようとするロシアとの軍事バランスを揺るがしつつある。

米軍の駐留経費増額を求められた韓国は、経済や貿易では中国依存が高まるジレンマに陥っており、米中の狭間で苦しい立場を強いられている。日韓関係悪化の影響もあり、核の脅威が高まる北朝鮮、南シナ海や北東アジアで海洋での軍事プレゼンスを高める中国に対抗する日米韓の同盟関係も揺らいでいる。

米国が今後とも覇権国として自由と民主主義が後退するリスクを抑え、台頭する中国に対抗していくためには同盟国との関係強化が不可欠のはずだが、内向き志向を強めるトランプ政権は、同盟関係が弛緩することを許容する外交に邁進している。

第6章　Geo-economics：「安定と秩序」を模索するグローバル経済

1　長期化する先進国の経済停滞

日米欧先進国の経済成長率はコロナウイルスの感染拡大以前から、とりわけリーマンショック以降においては、過去と比べ低水準が続いており、長期停滞（Secular Stagnation）に陥っているのではないかという懸念が広がっていた。

長期停滞論の歴史は古く、一九三〇年代後半にハーバード大学のアルヴィン・ハンセン教授が提起したのが最初とされるが、最近では、同じハーバード大学のローレンス・サマーズ教授（元財務長官）の主張が注目を集めている。ハンセンは、大恐慌からの経済の回復力が弱く失業が解消しない当時の状況を長期停滞と捉え、その原因を人口増加率の低下による投資需要の減少に求めた。長期停滞の捉え方、投資需要の減少や人口要因を重視する点において、近年のサマーズの主張はハンセンの古典的な長期停滞論を踏襲している。

感染拡大前の世界経済は、リーマンショック後の危機的状況から脱し、安定を取り戻しつつあった。しかし個別に見ると、最大の経済大国である米国もいったんは金融の量的緩和を終了して金利引き上げにたどりついたものの、その回復にかつてほどの力強さは見られなかった。日本とユーロ圏の経済は、マイナス金利政策を続けたにもかかわらず、インフレ率は目標とする二％を大きく下回り、名目賃金の伸びも鈍く、低成長・低インフレからの脱却の展望は見えないままだった。

2　長期停滞の原因

長期停滞の原因として第一に考えられるのは、需要の伸び悩みだ。日本、ドイツ、イタリアなどは、総人口が減少に転じており、マイナス金利政策をとっても、需要超過を生み出すのが難しい状況が続いている。

第二に考えられる原因は生産性の伸び率鈍化だ。経済成長とともに労働力や資本の非効率な配分は是正されるが、リターンの大きい投資機会は次第に減少していく。潜在成長率を引き上げるためには、技術革新の成果を生産性の上昇につなげる投資が不可欠だが、主要先進国ではいまだ顕著な増加は見られない。一方で世界は、持続的な経済発展と社会の安定を脅かす複雑かつ困難な課題に直面している。デジタル、エネルギー、環境など課題解決に向けた投資が求められる分野は多いが、本格的な投資拡大には至っていない。

第三の原因として考えられるのは格差の拡大だ。一九八〇年代から世界はヒト、モノ、カネの国境を越えたより自由な移動を可能にし、資源の最適配分を実現するため、貿易や投資の自由化を進めてきた。その結果、新興国であっても、企業が自由に活動できる環境や資金の自由な移動の保障など投資環境を整備し、政治・社会情勢が安定した国へは世界から投資が向かい、経済成長も加速した。一方で、先進国ではグローバル競争の進展や移民の流入などの結果、国内で競争力を失った人々の賃金の上昇は抑制された。一つの国の中でも都市と地方間の経済発展の格差、富裕層への富の集中による中間層、貧困層との格差拡大が広がっている。

3　長期停滞からの脱却へ向けた挑戦課題

歴史を振り返ればハンセン教授が提起した一九三〇年代以来、長期停滞はしばしば問題とされながらも、現実の経済は何度も停滞を乗り越えて成長を続けてきた。そもそも経済成長の最終的な目的は、ＧＤＰの伸び率を高めることではなく、より多くの国民の生活の質を向上させ、社会全体の経済的厚生を高めることだ。経済発展を遂げた先進国において社会全体の生活の質を上げるためには、単に消費や投資を増やしてGDPの伸び率を高めるだけではなく、社会の中で自分は見捨てられた存在、価値を認められない存在であると感じる人々を減らすことが不可欠だ。経済活動の総和としてのGDPは人々の経済的厚生を計測する指標としては、十分なものではない。GDPの伸び率を高めることは経済的厚生を高めることの一部ではあるが全てではないのだ。

現代の格差拡大の起点となったサッチャリズム、レーガノミックスなど市場重視の政策は、政府や公共部門の役割を可能な限り限定し、企業や個人の自由な経済活動に任せることにより、市場を通じて最も効率的な資源配分が可能になるとする新自由主義の思想を基盤にしている。そこには、「自由」「効率」という概念はあるが、「公正」という概念は希薄だ。所得分配の「公正」は、「自由」と「効率」を追求すれば、その結果として実現するというオプティミズムが前提となっている。先進国で起こっている格差拡大は、近代の市民社会が市民の基本的権利としてきた生存権、生活権、教育の機会平等などの社会権を脅かす事態をもたらしている。コロナウイルス感染拡大の中でその深刻さが一段と顕在化することとなった。

一方で、人口減少、環境悪化、都市問題など世界が直面する問題も深刻化しており、国家、民族、宗教などを越えて人類にとって普遍的価値である安全と安心が脅かされている。その観点から長期停滞を克服する一つの途は、技術革新の成果を市民の基本的権利の回復やグローバル課題解決のために、最優先で活かすことだ。とりわけ、デジタルなど現在視野に入っている技術革新の潜在力を活かすには、課題解決に向けた目的の明確化と国際的な協創が不可欠だ。

4　戦略的価値が低下する資源

新型コロナウイルスの感染拡大による世界経済の停滞は、これまで経済と安全保障の基盤であった原油などエネルギー資源の位置づけを大きく変えようとしている。経済停止に伴う原油価格の暴落が新たな石油危機となり、サウジアラビアなど中東の産油国、ロシアなど新興産油国、シェールオイルにより純石油輸出国となった米国の間の地政学的関係にも大きな影響を与えた。

需要の急減により米国の石油貯蔵能力は限界に達し、二〇二〇年四月には米国の原油市場は史上初めて先物価格がマイナスに転落した。マイナス価格とは、原油の引き取り手がなく原油を手放すために資金拠出を求められることを意味する。人やモノの移動が制限され、経済活動が停滞する中、輸送用燃料を中心に原油需要が大きく減少したにもかかわらず産油国の減産規模が追いつかず、先行きも供給過剰状態が続くと市場が判断したということだ。シェールオイルは生産停止までに時間を要するため、米国では余剰原油を貯蔵する施設の稼働率が急上昇した。近い将来原油を貯蔵できなくなる可能性があるとの認識が広がり、資金の持ち出しとなっても手放す動きが広がった。

世界のエネルギーミックスのほぼ六〇％を占める石油・天然ガス産業は、これまでも産油国の利害の絡んだシェア争いによって価格競争が繰り返されてきた。米国のシェールオイルの生産量拡大により、世界の原油市場は二〇一四年頃から供給過剰が常態化していたところに、コロナ感染による需要急減が襲った。感染拡大前の二〇一六年には新たな秩序の確立を目指してOPEC（石油輸出国機構）十一ヶ国と非OPEC一〇ヶ国による「OPECプラス」が誕生し、価格安定化のため、共同減産する合意がまとめられた。これは長年原油市場の主導権をめぐって対立関係にあったサウジとロシアの協調によってまとめられた実質的な「サウジ・ロシア連合」だった。ロシアにとっては中東における米国の最大の同盟国サウジに接近し、関係緊密化を図る戦略的意義があった。サウジにとっても、中東への関与を縮小する米国との関係を踏まえて、対立関係にあるイランへの対応において新たな戦略オプションをもたらすものだった。

しかし、二〇二〇年一月から二月にかけて中国から感染拡大が始まると「サウジ・ロシア連合」の協調はもろくも破綻する。世界最大の石油消費市場である中国が封印され、二〇二〇年一－三月の世界の石油需要は、日量六〇〇万バレル減という歴史的な落ち込みとなった。三月初めにウィーンで開催されたOPECと「OPECプラス」の会合では、一バレル八〇ドル前後の高価格を前提に国家予算を編成するサウジは大幅減産を求め、一バレル四二ドル前後の比較的低い原油価格を前提に予算編成するロシアは、当面は様子見することを求めた。

サウジとロシアは再び対立し、協調減産は結局三月末で失効した。その後サウジは一転して二五％の大増産に転じ、供給量を増やすことで価格低下による歳入減を埋めようとした。一方のロシアも対抗して増産に転じ、市場では激しいシェア争いが始まった。

国際エネルギー機関（ＩＥＡ：International Energy Agency）の統計によれば、世界の石油消費の約七割は輸送用燃料が占める。価格が下落したところで感染が世界に広がり、瞬く間にヒトの移動もモノの輸送も止まった。四月十二日のＯＰＥＣプラスの会合では、一転して過去最大規模の協調減産を実施したが石油需要はかつてない水準へ落ち込み、市場は実質的に崩壊した。一連の経緯を通じて感染拡大は石油・エネルギーをめぐる国際関係に二つの大きな変化をもたらすこととなった。

第一は、米国を世界最大の産油国、純輸出国に押し上げ、エネルギー安全保障の優位性も高めたシェールオイル産業への打撃である。米国にとって約二五〇万人の雇用を創出するシェールオイル産業は米国経済にとって重要であるだけでなく、対立するロシア経済の生命線であるエネルギー部門を標的とした制裁も可能にした。逆にシェールオイル産業が停滞もしくは衰退した場合には高い経済コストが発生し、米国の安全保障は優位性が低下する。

一バレル当たりの原油価格が生産設備を動かすコストを下回るようになれば、生産するほど損失が大きくなるため、通常はその段階で石油企業は油井の一時閉鎖を決定する。シェールオイルも四〇ドル程度とされる生産コストに対して価格が二〇ドル台にまで落ち込めば、採算割れが深刻化する。フラッキング（水圧破砕法）を用いるシェールオイルの産出は、地下深くの岩盤層を砕いて採掘し、既存の油井から自然に湧き出るため、短期間での大規模な減産は難しい。生産を維持するには新しい油田を掘り続けなければならないのだ。

第二は、米国とその中東における最大の同盟国であるサウジとの関係への影響だ。サウジは、米国と対立関係にあるロシアといったんは協調し、その後決裂するなど原油市場の調整役としての役割を果たす力を失っている。感染終息後も、航空機や自動車など移動に要するエネルギー需要がデジタルなどの代替手段に置き換えられ、価格の低迷が構造化することも考えられる。それは今や世界最大の産油国となった米国の経済にとっても大きな打撃となり、米国にとって中東地域の戦略的重要性はさらに低下する。また、米国議会はこれまでサウジへの武器輸出に寛容だったが、ロシアとも協調しようとしたサウジへの不信を深めており、今後は立場を大きく転換する可能性もある。そうなれば、中東におけるサウジとイランとの軍事バランスにも影響が及び、中東の混迷はさらに深まることとなろう。

ＩＥＡは、石油需要が二〇三〇年代にピークを迎え、その後は横ばいで推移すると予測している。既にＥＳＧ投資の拡大を背景に欧米の機関投資家は石油メジャー企業に対しても脱炭素への対応を強く求めており、石油メジャー企業も石油関連の投資削減や再生エネルギーへの投資拡大を進めている。戦略資源としての石油の重要性は今後徐々に低下していくが、それは米国も含め、中東産油国、ロシアなど石油に依存している国々の不安定化のリスクを高めていくことになる。

第7章　Geo-technology：広がる技術覇権をめぐる対立

1　一九八六年の中国

共産党一党支配の社会主義国である中国は歴史的に見ても類のない短期間で一気に経済大国へのぼり詰めた。今では「世界の工場」としての地位を確立した中国だが、わずか三十数年前は全く別の姿だった。

一九八六年十二月、凍てつく北京空港に機体が着陸した時、外の景色はあたかも時代を数十年さかのぼったかのような荒涼とした世界だった。当時三十代をむかえた私にとってこれが初めての海外出張だった。ある日本の工業会が中国に派遣した調査ミッションに参加して、約二週間中国に滞在した。今振り返れば、北京を出発点に東北部の瀋陽、上海を経て南部の広州、深圳まで回り、最後は香港経由で日本に戻るというかなりの強行日程である。

ミッションの目的は、機械工業の分野で中国から調達できるものを探すという、今では考えられないようなものだったが、それが当時の日中間の貿易の現状だった。ちなみに、一九八六年の日本からの対中輸出は、一兆六六六五億円、中国からの輸入は九六五八億円で、日本が約七〇〇七億円という巨額の対中貿易黒字を抱えていた。前年一九八五年一〇月のプラザ合意以降、急速に円高が進みつつあったものの、日本企業の中国現地生産が拡大し、中国からの輸入が拡大するのは、まだかなり後のことになる。

北京に数日滞在し、中央政府の機械工業関連、貿易関連の機関を訪問した後、北京から夜行寝台列車で東北部の瀋陽へ移動した。夕暮れ時の北京駅はまさに「人民の海」のようで、駅の構内には溢れんばかりの人々がいた。もしここでミッションのメンバーたちとはぐれてしまったら永遠に取り残されてしまうのではないか、という不安が頭をかすめるほどだった。

列車が夕暮れ時の北京駅を後にすると、程なく旅の疲れもあって寝台車の二段ベッドで眠りに落ちた。明け方車窓に朝の淡い光が差し込むころに目覚めると列車は既に東北部に入っており、見渡す限りの大平原が目の前に開けていた。女性の車掌が朝食を配りに回ってきて、小さなパンとアルミ製のカップ、ビニール袋に入った白い粉、そしてお湯の入った大きなやかんを置いていった。この白い粉はいったいなんだろう、と周りの中国人の旅客の様子をうかがっていると、白い粉をカップにあけてお湯を注いでいる。ある年齢以上の方は記憶にあると思うが、この白い粉は一九七〇年代前半までは日本の学校給食でも供されていた脱脂粉乳で、お湯で溶かして飲むものだった。これを小学校以来一〇数年ぶりに飲むというタイムスリップのような経験をしたわけだが、かつての学校給食の時代同様、お世辞にも美味しいと言えるものではなかった。

耳がちぎれ落ちそうな厳しい寒さの瀋陽、戦前の古い面影を残しながら国際都市の風格を漂わせる上海、蛇のスープや熊の手の料理を訪問先で供された広州、まだ出来上がって間もない人工都市のような深圳を巡る旅は、すべてが新鮮な驚きで、あたかも異次元旅行のようだった。

肝心のミッションの方は、本来の目的に対して、残念ながら十分な成果を達成することはできなかった。中国から購入できるものとして最終報告書に記載されたのは、エレベータ用のカウンターウエイト（鉄の塊で、とりあえず重量だけあれば使える）、一部の電線・電纜《でんらん》などごく限られたものだけだった。

報告書の最後には、中国機械工業の課題として、製造面においては、コスト意識の不足、管理体制の未整備などを挙げ、販売面においては輸出マインドの不足、価格決定メカニズムが不明確であることを指摘している。端的に言えば、当時の中国では市場経済が十分根付いておらず、工場は、生産管理、工程管理、品質管理いずれも未整備で、販売への意識も極めて低い状態だった。

あれからわずか四半世紀で、中国は「世界の工場」と呼ばれるまでに発展を遂げた。この間一九八九年には天安門事件が起こり、その後対中投資は一時停滞したが、一九九二年の鄧小平の南巡講話により、再び拡大に向かう。二〇〇一年にＷＴＯに加盟した後は、義務付けられた国内のさまざまな制度改革についても二〇〇六年までにほぼ達成し、市場経済化は格段に進展した。ちなみに時を経て二〇一九年の日本の対中輸出は十四兆六八二七億円、中国からの輸入は一八兆四四四六億円で、日本が三兆七六一九億円の対中貿易赤字を抱える状況に様変わりしている。

中国は、現在低賃金を武器とした労働集約的産業による輸出依存の経済から、より付加価値の高い産業構造への転換に向けて、製造業の高度化計画「中国製造二〇二五」を進めている。米中摩擦が激しさを増す中では決して容易な道ではないが、これまでの四半世紀の道のりの困難さに比べれば越えられない壁ではないであろう。

2　デジタル覇権を目指す中国

現代の中国はデジタルを基軸とした次世代産業展開に向けても攻勢を強めている。かつてシュンペーターが定義したようにイノベーションとは「知識と資源と設備とその他の要素の結合」だとすれば、世界最大の人口と市場を有する中国はデジタル技術やデータの利活用において圧倒的な優位性を持っている。中国共産党が主導するプライバシーや思想信条の自由が制限された権威主義的で非民主的な社会において、どこまで創造的な基礎研究や技術革新が可能かに関しては未だ議論は分かれる。しかし先端技術を活用したビジネスやサービスの創造と社会への定着においいては先行可能であることは、近年の中国社会におけるキャッシュレス化やE-コマースの拡大などが証明している。

新興国が通常の段階的な進化を飛び越えて一気に最先端の技術を活用する段階に到達することをカエル跳びにたとえてリープフロッグ（Leapfrog）戦略と呼ぶ。前世代の百倍の高速移動通信を可能にする5Gの導入において中国はリープフロッグ戦略を邁進している。5Gはロボットや家電品、電子機器などモノとモノ、機械と機械をネットワークでつなぐIoT（Internet of Things）時代の中核技術である。3G、4Gの開発や国際標準化の競争に出遅れた中国は、5Gでは世界のトップに立つことを目指して開発と産業化を進めてきた。多くの先進国は既存の4Gの通信網を活かして5Gと組み合わせる方式を取り、初期投資を抑えつつ数年かけて5Gへの移行を進めようとしている。一方、中国は当初から5G専用の通信網を整備することにより一気に5Gの機能を最大限発揮させることを目指している。当初から世界市場を視野に、中央政府が基地局、デバイスなど5G関連製品で将来中国企業が国内市場、海外市場で獲得を目指す市場シェアの目標を設定し、政府が拠出する巨額の資金のもとに企業、大学などが参画して研究から実証までを行う体制を構築した。

その結果、二〇一九年には中国の三大通信キャリアである中国移動、中国電信、中国聯合通信（チャイナユニコム）が、世界に先駆けて本格的な5Gの商用サービスを開始した。また、米国政府が通信傍受や接続遮断などのリスクがあるとして排除を求めている通信機器企業、華為技術

（ファーウェイ）は5Gの基地局などインフラ整備において欧州、中東、アジアなど世界三〇ヶ国以上で既に契約を獲得し、エリクソン、ノキアなどの西側通信機器企業を圧倒している。

国家安全保障に深く関わる先端通信技術において中国企業の優位を許したことに対する米国の危機感は強い。トランプ政権誕生前から、中央情報局（CIA）や国防総省の国家安全保障局（NSA）などの機関は、「ファーウェイは中国人民解放軍や中国共産党の公安部門と連携し、スパイ行為やサイバー攻撃の下準備として通信インフラの構築を進めている」との疑念を持っていた。二〇一二年時点で、既に議会下院の諜報委員会は、ファーウェイと中国IT大手ZTEの製品を政府調達から排除し、民間企業にも取引の自粛を促す勧告を出している。その際、通信キャリアの基幹インフラとなる基地局、ルーター、光ケーブル、アンテナ、ストレージシステムなどに同社の製品を導入すると、「バックドア（裏口）」から、機密情報を抜き取られる恐れがあると指摘している。

一方で、通信ネットワークのセキュリティにおいて重要となるのは、ハードウエアだけでなくソフトウエアも含めたシステム全体を管理することだ。5G時代の通信システムにおいては、価値を創出するのがデータであることを前提とすれば、エッジ(注1)やクラウド基盤を含めたシステム全体でセキュリティを担保し、価値を創出する競争となる。クラウドやソフトウエア技術では圧倒的優位を維持している米国企業は、5Gの通信インフラを仮想化(注2)し、ハードが中国製であってもセキュリティを確保できる環境を構築しようとしている。基地局などのハードウエアに関しては中国企業が圧倒的優位にあることは確かだが、米国政府が中国企業排除の圧力を強め、マイクロソフトなどの米国企業がクラウド、ソフトウエアの優位性を梃子に通信インフラ市場でのプレゼンスを高めることになれば、5G市場で先行した中国の優位性も揺らぐ。安全保障と密接に絡んだ先端通信市場は、一〇年後の6Gの開発競争も展望しながら、今後も米中摩擦の主戦場の一つとなっていくであろう。

（注1）エッジとは、端末と端末側のネットワークで収集したデータを回線に送り出すポイント（ネットワークの端末）。IoTの時代には、センサなどで収集したデータをエッジに配置したコンピュータで解析し、上位システムには必要なデータのみを送信することでネットワークの負担を軽くするエッジコンピューティングが拡大

（注2）仮想化とは、実在するIT資源を異なる資源であるかのように認識させる技術。主にソフトウェアによって複数のハードウェアを統合し、自由なスペックでハードウェアの機能を再現する技術

3　デジタル人民元によるドル支配への挑戦

中国はデジタルの力を使って、ドルを基軸通貨とする米国のグローバル金融市場における覇権に対しても挑戦しようとしている。中国人民銀行は二〇一四年に中央銀行が発行するデジタル通

貨（デジタル人民元）の研究を開始し、二〇二〇年には国内の四つの都市で実証実験を開始した。

ビットコインやフェースブックのLibraなどの民間のデジタル通貨と異なり、、人民銀行が発行するデジタル通貨は、システムの中心に人民銀行が監督し、ネットワークを管理する台帳があり、すべての取引が記録され、ネットワークの参加者間はデジタル通貨を瞬時に移動させることができる。人民銀行が物理的通貨以上に、大きな監督能力を持つことによって、価値の安定性、幅広い流通、外国政府や金融当局からの信認を担保する。

中国にとってデジタル人民元の最大の戦略的意義は、米ドルによる取引決済と米国による金融監視を回避することだ。現在、国境を越える決済のほとんどは、銀行間の決済に関するメッセージのやり取り（送金）のためのＳＷＩＦＴ（国際銀行間通信協会）システムのメッセージコードを介して行われ、その大部分は米国の国際決済を実行する仲介役を担うコレスポンデント銀行（コルレス銀行）を経由している。これらの金融機関と情報を共有することで、米国政府はマネーロンダリングやテロリストの資金調達などの不法行為を特定できる。また、イランや北朝鮮などに対して経済制裁を課す際には、これらのネットワークから締め出すことによって貿易取引を事実上困難にすることができる。

中国は二〇一五年に人民元建ての貿易・投資決済の金融インフラとして国際銀行間決済システムＣＩＰＳ（Cross-Border Inter-Bank Payments System）も導入している。デジタル人民元とＣＩＰＳによって、米国による金融支配を支える基盤であるＳＷＩＦＴとコルレス銀行を介さずにクロスポーダー取引を完結できるようになれば、米国単独での経済制裁では効果が限定的となり、制裁の実効性を確保するためには中国の協力が不可欠となる。中国は、米国の国際政治における影響力を大幅に抑えることができる。また、時間は要するだろうが、「一帯一路」において、物理的インフラとともに、デジタル人民元の使用拡大を想定した金融インフラの構築を進めることによって、人民元の国際化につなげることも目指していくであろう。

中央銀行が発行するデジタル通貨に関しては、これまで民業圧迫懸念など課題が多いとして、米国FRB、日銀、欧州中央銀行（ECB）はいずれも消極的だったが、中国が実証段階に入ったことを踏まえて検討を加速している。日本、EU、カナダ、スウェーデン、スイス、英国の中央銀行による、国境を越えた各国デジタル通貨の相互運用プロジェクトも立ち上がっているが、少なくとも現状は中国が圧倒的に先行していることは確かだ。

4　米国で広がる中国脅威論

米国議会では、伝統的な「関与政策」の中国への適用は誤りだったとの認識が、トランプ政権の与党共和党だけでなく、野党民主党にも共有されている。二〇二〇年大統領選の結果バイデン大統領が誕生した場合も、気候変動やパンデミックなどの問題に対しては中国との協調を探るにしても、中国が国家安全保障の脅威という認識は変えることなく政策を展開するだろう。現在トランプ政権は中国に対して先端技術流出防止を目的とした三つの規制を設けている。

第一の規制は外国企業による米国企業買収によって技術が流出することを防ぐことを目的とした「外国投資リスク審査近代化法」（ＦＩＲＲＭＡ：Foreign Investment Risk Review Modernization Act）だ。米国には国家安全保障上の脅威の有無という観点から外国の政府や企業による対米投資を審査し、可否の判断をくだす対米外国投資委員会（ＣＦＩＵＳ：Committee on Foreign Investment in the United States）という省庁横断の組織が一九七五年に設置されている。中国への技術流出の懸念が高まる中で、ＦＩＲＲＭＡは二〇一八年五月に、軍事技術だけでなく、先端技術、重要データを有する米国企業や重要インフラ施設が中国企業に買収されることも阻止するために、ＣＦＩＵＳの機能と権限を強化する形で制定された。ＦＩＲＲＭＡの審査対象となるのは、「ＴＩＤビジネス」と呼ばれる。Ｔは Technology、すなわちＡＩ、バイオなどの安全保障上の重要技術、Ｉは Infrastructure、すなわち鉄道、空港、港湾、データセンタ、海底ケーブルなども含めた重要インフラ、ＤはData、すなわち個人の生体情報、健康情報などの機微情報に関する個人データ、企業のオペレーションや研究開発など産業の重要データのことだ。米国が安全保障上の重要分野において中国へ技術が流出し、中国の軍事力向上につながることを強く警戒していることがうかがえる。

第二の規制は最先端技術、基盤技術の輸出を監視・制限する「輸出管理改革法」（ＥＣＲＡ：Export Control Reform Act）だ。ＥＣＲＡは中国が二〇二五年を目標に製造業の高度化を目指して進めている「中国製造二〇二五」の重点分野を視野に、中国への先端技術、安全保障上の機微技術流出を防止するための輸出管理強化を目的としている。商務省、国防総省、エネルギー省、国務省などの政府機関に対して、国家安全保障上重要な「最先端及び基盤的な技術」を定期的・継続的に認定することを義務づけ、一八〇日毎に、CFIUSと議会に報告書を提出することを求めている。実際の輸出管理対象は「米国輸出管理規則」(EAR：Export Administration Regulation)に示されている。EARは禁止対象となる企業名をエンティティ・リスト(注1)として示しているが、近年ファーウエイを初めとする中国企業の追加が続いている。エンティティ・リストに掲載された企業に対しては、米国からの直接輸出だけでなく、第三国を経由しての再輸出、中国以外の国での当該企業の事業体への輸出も禁止となる。しかも域外適用(注2)されるため、違反した場合は米国企業だけでなく外国企業も制裁対象となる。特定された中国企業との取引を遮断し、グローバルなサプライチェーンから排除することを求めるものとなっている。

第三の規制は米国の政府機関による中国企業からの機器・サービスの購入、利用を広く制限する二〇一九年米国国防権限法(NDAA：National Defense Authorization Act 2019)だ。通信機器のファーウェイ、中興通訊(ZTE)、監視カメラの杭州海康威視数字技術(ハイクビジョン)、浙江大華技術(ダーファ・テクノロジー)、特定用途無線の海能達通信(ハイテラ)などの中国企業が既にその対象となっている。NDAAは、国防省の年間予算を規定するために年度毎に策定される連邦法の二〇一九年版で、FIRRMAとECRAの内容も改訂されて挿入されている。NDAA

も、対象とされた中国企業と取引関係のある外国企業についても政府機関と取引できなくなる制限対象としているため、中国企業をグローバルなサプライチェーンから排除する強い圧力となっている。

NDAAにFIRRMAを織り込むことにより、CIFIUSの審査制度は大幅に強化された。従来、審査の対象となる取引は、外国企業がM&Aなどにより米国企業を「支配」するための取引とされてきたが、FIRRMAにより、①重要インフラを保有、運営、製造、供給する企業、および重要インフラにサービスを提供する企業、②重要技術を生産、設計、試験、製造、開発する企業、③国家安全保障に脅威をもたらす可能性のある個人データを保持・収集する企業へ投資する場合には、当該企業を「支配」していなくも、審査の対象に含められることとなった。要するに、株式の過半を取得するM&Aだけでなく、少額出資や合弁会社も審査対象とし、安全保障に直接関わらない技術やインフラであっても、流出防止を厳格に審査することとした。

(注1) エンティティ・リスト (Entity List) とは、商務省が管理する米国の安全保障、外交政策の利益に反する、または大量破壊兵器の開発等に関与したと判断された企業のリスト

(注2) 域外適用とは、国家が自国の法令を自国外の事象にまで拡大適用すること

5 「構造協議化」する米中交渉

このようにトランプ政権は最大の貿易赤字相手国であり、経済、軍事両面から米国の覇権国としての地位を脅かしつつある中国に対し、極めて強硬な態度で臨んでいる。かつて日米間に巨額の貿易不均衡が存在した一九八九年に、米国は日米「構造協議」（ＳＩＩ：Structural Impediments Inisiative）を通じて、日本の経済構造の改革や市場の閉鎖性の改善を求めた。当時は系列取引、土地税制、大規模小売店舗法などが外国企業に対して閉鎖的だとして協議対象となった。日米「構造協議」は日本国内向けの表現であり、英語名称のＳＩＩを直訳すれば、日本の構造的な障害を取り除くための協議を意味していた。現在の米中協議は交渉手段は全く異なるものの、米国が中国に対して制度や市場の改革を求める「構造協議」の様相を呈している。異なる国家体制にある両国の協議は、必然的に日米構造協議をはるかに超える困難を伴う。トランプ政権が仕掛けた米中交渉のこれまでの経緯を振り返ってみよう。

トランプ政権は二〇一八年に中国による先端技術をはじめとする知的財産権の侵害などが不公正貿易にあたるとして、通商法三〇一条を発動した。これは、トランプ政権による「国家資本主義」中国への経済・貿易戦争の「宣戦布告」だった。通商法三〇一条とは貿易相手国の不公正取引に対抗する制裁手順を定めたもので、不公正かどうかは米国の通商代表部（ＵＳＴＲ）が判断し、制裁措置の発動は議会の承認なしに大統領が行うことができる。

最初に始まったのは関税引き上げの応酬だった。米国はまず五〇〇億ドル規模の中国製品に二五%の追加関税を課すことを決め、その第一弾として二〇一八年七月に三四〇億ドル分を発動し、第二弾として八月に残りの一六〇億ドル分を発動した。これに対抗して中国も、大豆・ウイスキー、自動車などの米国製品にそれぞれ三四〇億ドル、一六〇億ドル相当とほぼ同規模の米国製品に二五%の報復関税を課した。米国はさらにそれへの報復・制裁措置として、九月に第三弾に当たる二〇〇〇億ドル分の中国製品に一〇%の追加関税を課し、二〇一九年一月一日にはこの関税を一〇%から二五%に引き上げるとした。トランプ大統領は、中国が報復を続けるなら、対中制裁関税の規模を中国からの全輸入品を対象に拡大させるとして第四弾の制裁の可能性を示して圧力を強めたが、中国は六百億ドル規模の輸入品に最大一〇%の追加関税を課して対抗した。これを受け、トランプ政権は約三〇〇〇億ドル分の中国製品に最大二五%の追加関税をかけるという第四弾を発表した。

当初、中国は米国との妥協点を探りつつ譲歩の姿勢も示した。一定の歩み寄りと米国からの大幅な輸入拡大によってトランプ政権が矛を収める可能性を試そうとした。二〇一八年の後半には、自主的に貿易の自由化や対内直接投資の自由化を次々表明していった。貿易に関しては二〇一八年七月に、自動車や日用品など一万四千品目以上の関税を引き下げ、十一月には機械や電気製品、繊維製品などの輸入品の関税率を引き下げた。投資に関しては六月末に、外資企業が中国で投資できない事業や投資を制限される事業の一覧表（ネガティブリスト）を公開し、禁止または制限される項目の数を二〇一七年の六十三から二〇一八年には四十八へと大幅に縮小した。さらに金融、自動車、鉄道などの産業での投資制限も緩和した。しかし、中国が示した一連の譲歩策に対してもトランプ政権は不十分だとして「不公正な貿易慣行」に対する第三弾の対中制裁を実行した。トランプ政権は中国の国内市場は依然として閉鎖的であり、政府が先端技術や知識集約産業に不透明で巨額の補助金を出していると批判してきた。また、サイバー攻撃によって知的財産や技術を窃取し、中国に投資する企業に技術移転を強制するなど不当に米国の先端技術を獲得していると
して、制裁解除のためにはこれらの全面的な是正が必要とした。

一連の協議の中で米国が問題として指摘し、解決を求めたのは、①政府の産業補助金の見直し、②技術移転強要の禁止、③知的財産権の保護、④非関税障壁の是正、⑤サイバー攻撃（による知財窃盗）の禁止、⑥サービスと農業の市場開放、の六項目だ。中国側は、そもそも②技術移転の強要、⑤サイバー攻撃は行っていないと主張し、①政府の産業補助金の見直しについても中国の国内産業政策であるとして、強く反発した。

約一年半の交渉を経て、米中は二〇二〇年一月十五日に「第一段階の合意」に至り、経済・貿易協定に署名、二月十四日に発効した。米国が第四弾の追加関税を実行すれば、米国の消費者も広く輸入品の値上がりによって不利益を被ることが明らかだったため、暫定的な妥協が成立した。二〇一八年七月に米中の関税引き上げ合戦が始まって以来、初めて一部とはいえ追加関税が引き

図表３　米中交渉の経緯

年	月	米国		中国	
18年	3月	23日	鉄鋼25%、アルミ10%の追加関税（全世界対象）		
	4月			2日 10日	豚肉、果物、ワインなど128品目に15/25%追加関税 自動車、金融セクタ等の市場開放約束
	5月	29日	IP保護のための中国人へのビザ制限 中国への高度技術投資抑制	29日 30日	米国産石炭輸入検討を発表 消費者向米国製品の関税引き下げ発表（7/1付）
	6月			6日	18年中に米国製品を追加で250億相当購入発表
	7月	6日	340億ドル相当（818品目）の中国産品に追加関税（25%）（リスト1）	6日	340億ドル相当（545品目）の米国産品に追加関税（25%）
	8月	23日	160億ドル相当（279品目）の中国産品に追加関税（25%）（リスト2）	23日	160億ドル相当（333品目）の米国産品に追加関税（25%）
	9月	24日	2,000億ドル相当（5,745品目）の中国産品に追加関税（10%）（リスト3）	24日	600億ドル相当（5,207品目）の米国産品に追加関税（5～10%）
	12月			13日 24日	200万トンの米国産大豆発注 700品目の関税率引き下げ
19年	1月	18日	中国通信系企業の米国での事業を制限	24日	6ヶ月以内に外国銀行への新たな銀行業ライセンス付与
	5月	10日	2,000億ドル相当の中国産品の追加関税を10%から25%へ引き上げ		
	6月			1日 30日	600億ドル相当の米国産品の追加関税5～10%を5～25%に引き上げ 外国からの投資規制対象分野を48から40に緩和する措置を発表
	9月	1日	1100億ドル相当（3243品目）の中国産品に追加関税（15%）（リスト4A）。また、12月15日の1600億ドル相当の中国産品への追加関税（15%）（リスト4B）導入も発表	1日	750億ドル相当（1717品目）の米国産品に追加関税（5～10%）
	10月	11日	米中貿易交渉閣僚級協議の進展を踏まえ、リスト1～3の関税の追加引き上げ見送りを表明		
	12月	13日	米中両政府、第1段階の合意発表。 12月15日に予定していたリスト4Bの追加関税を見送り、リスト4Aの追加関税率を7.5%への引き下げを発表	13日 15日	米中両政府、第1段階の合意を発表。 中国が予定していた追加関税（3631品目、5～10%）を暫定的に停止
20年	1月	15日	貿易協議第1フェーズ合意		
			リスト4Aの追加関税15%→7.5%への引き下げ リストBの25%追加関税無期限延期 第1～3弾の関税維持		向こう2年間で米物品・サービスの輸入額2,000億ドルの購入（うち農産品320億ドル） 以下につき中国側が改善を約束 →営業秘密、知的所有権、商標保護、海賊品・偽造品対策 →技術移転問題への対策 →金融サービス分野への障壁の改善 →農業における非関税障壁除去 →為替を減価させる政策の禁止

資料：各種資料より日立総研作成

下げられた。結局、中国は知的財産権の保護や強制的技術移転の禁止、為替政策の透明化については受け入れたが、国有企業支援や産業補助金の見直しについては今後に持ち越しとなった。

米中交渉は中国の国家体制をめぐる攻防でもある。政府主導による産業育成、そのための企業や大学への多額の産業補助金などは中国経済の発展を支えてきた社会主義市場経済の根幹であり、それを揺るがす制度や仕組みの変更を中国政府は容易には受け入れることはできない。

6 戦略的「関与政策」

二国間交渉を自国に有利な形でまとめることにより貿易赤字を削減し、雇用を米国内に戻すというトランプ政権の政策は、戦後の世界経済の発展を支えてきた自由で公正な貿易、投資の共通ルールのもとで世界経済全体の発展を促すという考え方のもと、米国が主導し、WTOや広域自由貿易協定などの場で各国が協力して積み上げてきた枠組みに逆行するものだ。既に比較優位の原則に従って米国外へ生産拠点が移転してしまった製品の生産が容易に米国に戻ることも考えられない。

一方で国家資本主義という異質のルールのもとで、世界最大の国内市場の優位性を背景に外国企業に対して強制的な技術移転を求めたり、圧倒的生産規模を有する国有企業の形成と国際市場での支配的地位獲得を政府が支援する政策に対して、これまで巨大市場の魅力を前にいずれの国の政府も、企業も明確な異議申し立てができなかった。米国でもオバマ政権までは、関与政策による中国の変化への期待を残しつつ、成長する中国市場の果実獲得に米国企業が遅れないことへの関心がまさっていた。

トランプ政権が中国政府からどれだけの譲歩を勝ち取れるかにかかわらず、中国経済は米国を大きく超えるスピードで経済発展を続け、今後十年前後で世界最大の経済大国になることはほぼ確実だ。それまでに、中国の「異質な」制度や仕組みをどれだけ国際的な共通ルールの方に引き込めるか、経済発展とともに自然に中国が転換していくことに期待する伝統的「関与政策」ではなく、中国に対して米国が同盟国とともに共通の意思を持って制度や仕組みの転換を促す新たな戦略的「関与政策」が必要となっている。

7　「科学技術大国」中国の台頭

米国はこれまで、科学技術の優位によって軍事力を高め、軍事技術の民間転用によって企業の競争優位につなげてきた。しかし、官民合わせた研究開発費の総額で中国は米国にほぼ並びつつあり、国際特許出願数では二〇一九年に米国を抜いて世界一となった。さらに自然科学分野の論文数でも二〇一七年に中国が米国を抜いており、基礎研究においても着実に力を蓄えている。

中国への技術流出を抑えるだけでは、もはや「科学技術大国」として台頭する中国を抑えることはできない。中国の研究開発が「軍民融合」であること、科学技術論文数で見ると、とりわけ材料、物理、計算機・数学など軍事技術に直結する分野で水準の向上が顕著であることを踏まえれば、米中技術摩擦は近い将来の安全保障に帰結する。今後は、技術をめぐる通商・投資摩擦だけでなく、安全保障に関連する分野を中心に技術開発競争そのものが激しさを増していく。当然のことながら、それは同盟国及び同盟国の企業も巻き込んだ競争となるため、日本企業も厳しい選択を迫られることになる。

第8章　Geo-environment：切迫化する環境危機

1　「世代」の反乱

二〇一八年八月、スウェーデンの高校生グレタ・トゥーンベリ（Greta Thunberg）は、地球温暖化対策に真摯に取り組むことを求めて「気候のための学校ストライキ」（School Climate Strike）という看板を掲げ、議会の外で呼びかける活動を始めた。やがて彼女の活動は学生たちが毎週金曜日に学校を休んで政府に気候変動に対する行動を求める「未来のための金曜日」（Fridays For Future）という活動に発展した。十一月にはスウェーデンの国会議事堂前で政府に年間一五％の炭素排出量削減を求めて二週間のストライキを行った。十二月のＣＯＰ24で彼女がスピーチを行うと、「未来のための金曜日」は世界各地に広がった二〇一九年三月十五日、世界各国で百万人以上の「Z世代」と呼ばれる一九九〇年代後半から二〇〇〇年生まれまでの世代の若者たちが学校の授業を欠席し、「ミレニアル世代」と呼ばれる一九八〇年代から一九九〇年代半ば生まれの先輩たちとともに、大規模な街頭デモに参加した。世界一二八ヶ国で行われた二〇〇〇以上のデモに一五〇万人以上の若者たちが参加し、地球全体で脱炭素社会への転換を進めることとの必要性を訴えた。秋になるとデモはさらに規模と広がりを増した。九月二〇日には一六一ヶ国で約四〇〇万人が参加して史上最大の環境デモとなった。グレタ・トゥーンベリは「タイム」誌の二〇一九年「パーソン・オブ・ザ・イヤー」に選ばれ、世代の象徴的存在となった。

2 エネルギー安全保障を優先するトランプ政権

グレタ・トゥーンベリに「科学者の声を聞き科学に基づいて団結して行動してほしい」と呼びかけられた米国のトランプ大統領は、就任以来、気候変動問題への国際的な取り組みから明らかに距離を置いてきた。二〇一七年に天然ガスの純輸出国となり、二〇二〇年には石油の純輸出国となるなど資源大国となった米国は、「エネルギー自立」の先に「エネルギー覇権」を展望したエネルギーの戦略利用による新たな安全保障の枠組み構築を優先している。

オバマ政権の時代に世界的に火力発電所へのCO2排出削減圧力が高まる中で、CO2の排出規制などを織り込んで策定された「クリーン・パワープラン」についても、二〇一七年十月、石炭産業の再興を目指すとして撤廃を発表した。また、環境規制がエネルギー産業や自動車産業など米国の基幹産業に与える悪影響を排除するとして、連邦政府の自動車の燃費基準、石炭や天然ガスの掘削規制、メタンガス排出規制なども緩和した。

トランプ政権は二〇一六年の大統領選での公約通り、気候変動への国際的取り組みを定めたパリ協定についても、米国に不公平な経済的負担を強いるものだとして、二〇一七年六月に離脱を宣言し、発効から三年が経過し離脱の手続き開始が可能となった二〇一九年十一月に正式に通告した。実際の離脱は通告から一年後の二〇二〇年十一月四日、すなわち二〇二〇年大統領選の投票日の翌日となるため、大統領選の結果が今後の米国の環境政策だけでなく、世界の温暖化対策の将来にも大きく影響する。

3　民主党のグリーン・ニューディール政策

トランプ政権のエネルギー政策は、もともと温暖化対策に積極的ではない共和党の伝統的な政策に従ったもので、過去と比べ特に極端な政策というわけではない。対抗する民主党の政策はどうか。トランプ大統領の再選を目指す共和党に対して、バイデン前副大統領を候補者とする民主党は、グリーン・ニューディール（GND：Green New Deal）政策を掲げて現政権への対抗軸を明確にしている。民主党のＧＮＤ政策は、もともとはオバマ前大統領時代の二〇〇九年に、リーマンショック後の金融危機の中で景気対策の一環で進められたものだ。環境エネルギー分野へ一〇年間で一五〇〇億ドル集中投資することにより経済再生と五〇〇万人の新規雇用創出を目指すものだった。

新たなＧＮＤ政策は、温室効果ガス排出ゼロを目指すことを掲げ、電源ゼロエミッション化、インフラの更新・エネルギー効率化、ゼロエミッション自動車の普及、高速鉄道への投資などを盛り込んでいる。民主党支持層の中核となりつつあるミレニアル世代の関心も踏まえて、地球環境問題への積極的な対応を含む内容となっている。もともとは二〇一九年二月に民主党左派のオカシオ＝コルテス下院議員とエド・マーキー上院議員によって議会に提出され、共和党が多数を占める上院では否決されたが、その後の民主党の大統領候補選の中で有力候補全員が支持し、トランプ政権に対抗する民主党の重要政策として位置づけられた。

民主党左派が主導してきた政策であるため中道派のバイデン氏が実際に大統領に就任した場合に、どこまで実行に移すかは不透明な面も残る。一方で、米国が環境政策を大転換してパリ協定へ復帰し、炭素税などカーボンプライシング導入に向けて動き出す可能性も出てくる。

4　深刻化する海洋プラスチックごみ問題とE-waste

地球環境の持続性が問われるもう一つの課題は資源と廃棄物の問題だ。とりわけ、近年は深刻化する海洋プラスチックごみ問題に世界の注目が集まっている。国連によると、毎年八〇〇万トン以上のプラスチックごみが海洋に流れ込み、その総量は既に一億五千万トンを超えている。二〇五〇年には地球上に生息する魚の重量をプラスチックごみの重量が上回るとも予測されている。ウミガメがプラスチックのポリ袋をクラゲと間違えて食べたり、廃棄されたプラスチック製の漁業網に絡まってクジラや海鳥が窒息死するなど、被害の報告が世界中で後を絶たない。海流で漂流したプラスチックごみが雨や波、紫外線によって五ミリ以下の粒子に砕かれたマイクロプラスチックを海洋生物が餌と間違えて食べれば、その後の食物連鎖で人間の体内にプラスチックが取り込まれる。二〇一九年六月のＧ20大阪サミットでは海洋プラスチックを二〇五〇年までにゼロにする目標について各国間で一応の合意がなされたが、実行の枠組み作りはこれからという状況にある。

海洋プラスチック問題と同様に深刻なもう一つの問題がE-waste、すなわちエレクトロニクス製品の廃棄物である。国連大学、ＩＴＵ（国際電気通信連合）などが実施している「Global E-waste Monitor 2017」によると、パソコンやスマホの世界的な急増により、二〇一六年のE-waste発生量は四四七〇万トンで、二〇一四年比で三三〇万トンと八％増加している。さらに二〇二一年までに一七％増え、五二二〇万トンとなる見通しで、世界の一般廃棄物の中で最も急速な拡大が続く。E-waste の総蓄積量は二〇一三年時点で既に五億七七〇〇万トンに達したと試算されている。

世界の E-waste のうち、ゴミ廃棄場で処分されるものはわずか四％にすぎない。回収・再利用されるものも二〇％にすぎず、残りの七六％は、①焼却もしくは埋め立てられる、②非公式に処分業者に渡される、③家庭に放置される、のいずれかの状態にある。先進国から、中国、東南アジア、欧州の非EU加盟国などに「リユース品」（有価物）として輸出されたものの中には、実際には使い物にならない「廃棄物」に近いものも多く、これらはレアメタルや貴金属を抜き取られた後、山や川に投棄されるか、規制が緩いアフリカ諸国に流れているのが実態だ。

5　サーキュラーエコノミー

消費が増えれば消費されるモノを作るためにより多くのエネルギーと資源が必要となる。クルマを運転している時だけでなく、車庫に駐めてある電気自動車を作るためにも、車庫を作るためにも、エネルギーと資源が使われる。温室効果ガスの排出抑制だけでは、将来の経済成長がもたらす地球の持続性の危機を止めることはできない。地球環境にとって今後のもう一つの大きな問題は資源の限界だ。人間の活動が環境に与える負荷を資源の再生産および廃棄物の浄化に必要な

図表4　持続可能性が低下する地球環境

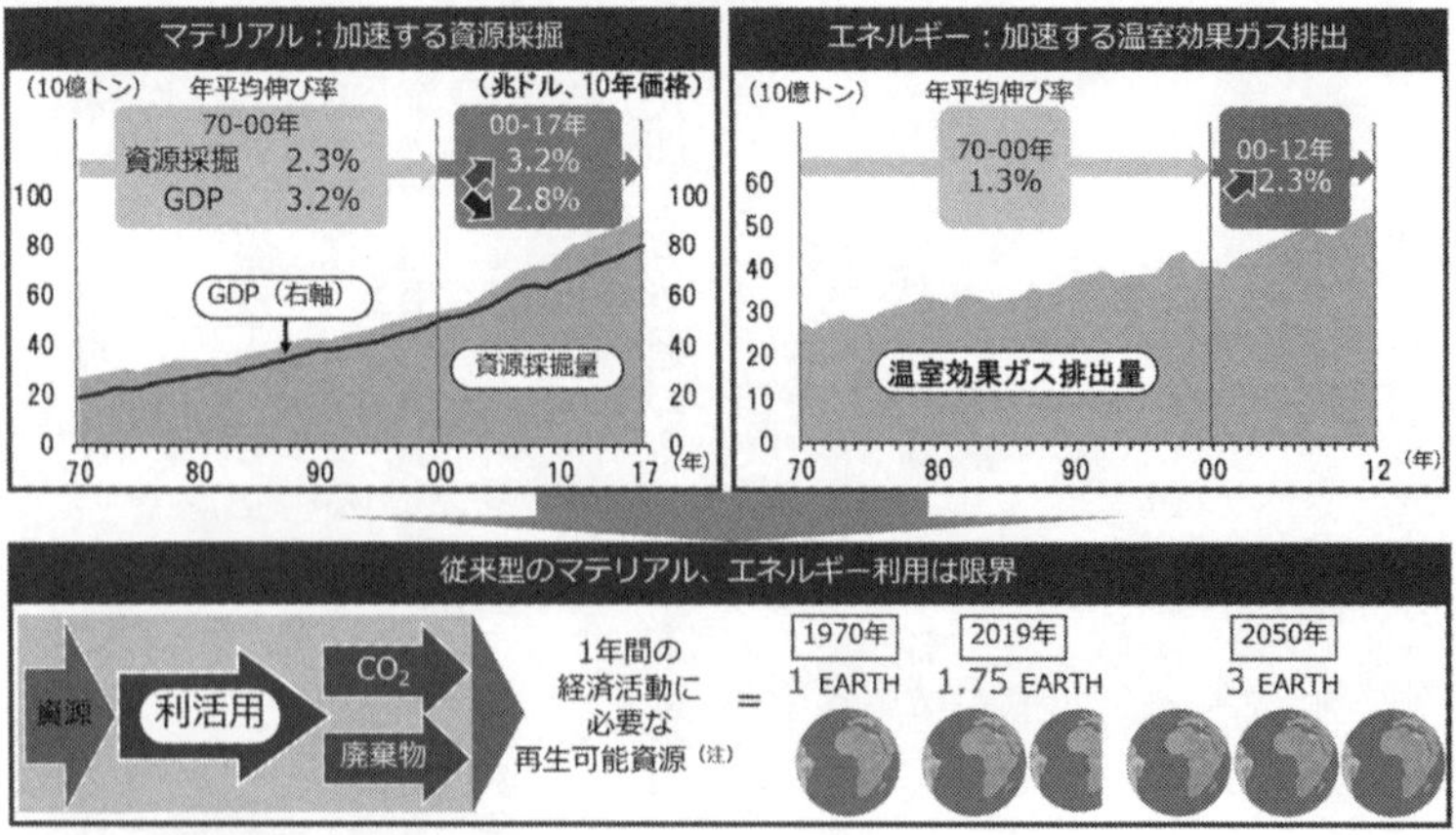

注：森林、耕作地、牧草地、漁場等の面積
資料：IPCC資料他より日立総研作成

面積で示した「エコロジカル・フットプリント」(注1)という指標によれば、一九七〇年頃には地球一個分で人間の地球上での活動をまかなえていたが、二〇一〇年には一・五個分必要となり、既に地球の容量を超えてしまっている。さらに二〇五〇年には地球三個分が必要と試算されている。

地球上の資源は採掘（Take）、生産（Make）、廃棄（Waste）という人間の経済活動のプロセスの中で使用される。当然のことながら地球が保有する資源量には限界があるので資源の使用量を削減し、再利用を拡大して、持続可能な資源量の範囲におさめない限り、いずれ持続困難となる。世界全体では採掘され生産・活動に使用された資源のうちわずか九％しか循環されていない。経済モデルをより資源効率の高い仕組みに転換させることが不可欠なのだ。国連のSDGsの十二番目の目標でも、持続可能な生産消費形態を確保することを目指す「モノをつくる責任、つかう責任」を掲げている。

経済社会を持続可能なサーキュラーエコノミー（CE：Circular Economy）、すなわち循環型経済に転換させるためには、単なるリサイクルではなく、経済活動の最上流における資源の採掘量と最下流の廃棄物の発生を最小化することが必要だ。突き詰めていけば、モノの生産を最小化し、生産したモノに関しては極力循環させて最後まで生産者が責任を持つことが求められることになる。CEの推進には業界ごと、バリューチェーンごとにクリティカル・マス(注2)を集めて循環させる必要があり、民間主導で進めることが不可欠だ。単独企業での実現は困難であり、競合企業も含めた連携が必須となる。一方で解決のノウハウや効果の計測は業界横断的に共有し、展開することが求められる。資源効率（Resource Efficiency）や廃棄物処理など下流の対応ももちろん大事だが、製品デザインや代替材料などを上流から変えない限り経済モデルは変わらない。単にリサイクルが容易な設計にするということではなく、元の資源の価値をどれだけ維持できるかを評価基準（measurement）にする必要がある。

資源の限界を超えないためには、誰が（どの企業が）どれだけ資源を使ったのか、その資源はどこで採掘され、どこの工場でどの製品にどれだけ使われたのか、その製品は最終的にどこへ流れたのか、など採掘された資源のその後の流れを「見える化」し、管理できる基盤を構築することが不可欠だ。また、資源を使って生産・販売した製品は、長期間使用可能で修理もしやすい設計にする（耐久性）、ソフトウエアや一部の部品の交換などによって後から機能を向上可能にする（拡張性）、部品は標準化し他社製品でも再利用可能にする（汎用性）など、最大限「使い回し」を行える構造にすることも必要だ。資源の総量が限られているのなら、産業単位、地域単位、国単位でその循環を「見える化」し、閉じられた循環の中で、全体を管理するClose the Loop型の社会システム構築を目指すことが不可欠だ。製品（ハードウエア）は可能な限り共有化し、サービスとしての価値を高める経済モデルに社会全体を転換していくことになる。

（注1）エコロジカル・フットプリントとは、人間が一年間の様々な活動によって環境にかけている負荷を森林、海洋など六種類の土地面積に置き換えることで数値化して経済活動を賄える再生可能資源の量を示した指標

（注2）クリティカル・マスとは普及が爆発的に跳ね上がる分岐点となる数量

6　持続可能な経済モデルの実行段階へ進むEU

持続可能な社会システムへの取り組みで先行してきたEUでは二〇一九年十二月十一日、前ドイツ国防相のフォン・デア・ライエン欧州委員長、前ベルギー首相のミシェルEU大統領による新体制が発足した。フォン・デア・ライエン欧州委員長は、二国間協議による自国の利益最大

化の動きを強める「内向的資本主義」の米国、市民の権利は制限しつつ政府と民間企業が一体となって国家権益拡大を目指す「国家資本主義」の中国が対立する構図の中で、「多国間主義」(Multilateralism) を基盤とする欧州の復権を前面に打ち出している。新体制では、欧州グリーンディール (EGD：The European Green Deal) を優先政策と位置づけ、今後もEGDを推進エンジンとしてEUが世界の環境政策を主導しようとしている。

EGDは、持続可能な経済モデルへの移行を掲げ、EUからの温室効果ガス排出を二〇五〇年までに実質ゼロとし、世界初の「気候中立な大陸」となる目標とその達成に向けた政策の全体像、行動計画を示している。「脱炭素社会」という明確な目標を示した上でエネルギー、産業、建築、モビリティ、農業など八つの政策分野を気候と環境の視点で網羅的に貫き、取り組みのロードマップを示している。またスローガンに終わらせることなく、課題を克服し実行に移すため、三つの具体的な施策を進めるとしている。

第一は、実行資金の確保だ。EUの長期予算の少なくとも二五%は気候変動対策に充てること、さらに民間資金導入のため二〇二〇年に「グリーン資金戦略」(Green Financing Strategy) を発表するとしている。第二は雇用維持だ。「脱炭素社会」への変革過程で、衰退産業から失業者が増えることを回避するため、再訓練や雇用アクセスの機会を提供する「公正な移行メカニズム」(Just Transition Mechanism) を創設する。第三は迂回策の防止だ。規制の緩い途上国へ生産拠点を移転して欧州へ輸入することで気候変動対策が回避されることを防ぐため、規制を尊重しない外国企業による製品輸入に課税する措置を盛り込んでいる。

二〇二〇年七月に合意した復興基金構想についても、フォン・デア・ライエン委員長は、「今日の危機を乗り越えるための連帯を示すだけでなく、将来に向けた世代を超える協定」と表現し、EGDを次世代の人々が利益を享受できる復興の中核的な政策のひとつと位置づけている。復興基金の資金の大部分は加盟国の支援に充てられるが、その際にグリーン・トランジションを促進することが強調されている。その対象となるのは建物やインフラの改修、循環経済の推進、再生可能エネルギーや水素などへの投資、運輸やロジスティクスのクリーン化などだ。

EGDは、「脱炭素化」と「循環経済化」(サーキュラーエコノミー)に集約され、その具体策が検討段階から実行段階に進みつつある。「脱炭素化」に関しては、需要側における自動車など交通システムのEV化、工場でのヒートポンプ、電気ヒーター利用への転換などの電化・電動化の推進、供給側では再生可能エネルギーから熱・水素・燃料への転換を推進する。「循環経済化」に関しては、材料レベルまで遡って製品の分解効率を高めた設計の推進、材料レベルも含めた加工・リサイクル履歴を業界横断で共有することによる資源価値の維持、シェアリングの推進、モノではなくサービスとしての価値提供への転換、などが具体化しつつある。

7　気候変動が制約するアジアの成長

今後の世界経済の成長エンジンとして期待される東南アジアや、インドなど西アジア地域は、気候変動による影響を最も受ける地域でもある。東南アジア、西アジア諸国は多くが赤道地域に位置し、高温多湿の気候にある。高緯度の地域と異なり、もともと気温が常時三〇度を超えている赤道地域の国でさらに気温が上昇することになれば、人間が身体機能を保って日常生活をおくることができる限界を超える。その場合、人間の屋外労働はもはや困難となり、無理に実行したとしても労働生産性が著しく低下する。インド北西部、パキスタンなどはそのような事態となるリスクが高い。

東南アジアから西アジアにかけての地域はガンジス川、メコン川に代表される大規模河川も多く、これまでも繰り返し洪水被害にみまわれてきた。温暖化が進めば、この地域では台風やサイクロンの威力が増し、年間降水量は多くの国で五〇%以上増加する。そのため沿岸部は高い確率で洪水リスクにさらされる。海面が一メートル上昇すると危機に瀕する世界二五都市のうち一九都市はアジア太平洋地域に位置している。とりわけフィリピンは七都市が含まれる。最も洪水被害が甚大となるのはインドネシアで五九〇万人が被害を受けると推計されている。

8　赤道直下の温暖化問題

かつてシンガポールの建国の父リー・クアンユーは、「エアコンは二十世紀最大の発明の一つ」と語っている。赤道直下の都市国家シンガポールの発展と豊かな生活にエアコンは欠かせない。一方で、エアコンの使用によって屋外に放出される熱い空気が急激な気温上昇をもたらしている。年間の平均気温は、二〇一八年までの一〇年間で世界平均のおよそ二倍にあたる〇・二五度も上昇した。シンガポールの電力消費でエアコンが占める割合はおよそ五〇％に達している。都市国家シンガポールでは限られた土地を有効利用するため高層ビルが多く、ヒートアイランド現象による暑さをしのぐためにエアコンの使用が増え、それがまた気温の上昇スピードを速めるという悪循環に陥っている。

二〇〇九年から二〇一一年までシンガポールで生活した筆者の経験では、オフィスの設定温度が日本と比べてかなり低い二十二度程度であるにもかかわらず、多くの女性はノースリーブの服装で仕事をしていた。日本のオフィスでは「クールビズ運動」を推進していることを説明して、せめて設定温度を二十五度に上げてはどうかと提案してみたが、それでは仕事の効率が各段に落ちると猛反対を受けたことを記憶している。

シンガポールはほとんどの地域が海抜十五メートル以下の低地にあり、国土の三〇％は海抜四メートル以下にあるため、温暖化により海面が上昇すればこれらの地域は水没の危機に直面する。政府は現在干拓地の造成や堤防の建設など様々な対策を取ろうとしている。

コロナウイルス感染拡大は一歩対応を誤れば、シンガポールのような都市国家には存亡の危機をもたらすが、自国の努力だけではどうにもならないジレンマの中にある。

9　インドネシアの首都移転

温暖化による海面上昇に危機感を持つアジアの国はシンガポールだけではない。人口が二億五千万人を超えるアセアンの大国インドネシアでは、政府が首都をジャカルタからボルネオ島のカリマンタン東部に移転すると発表した。一千万人の人口を有する首都ジャカルタは、人口の過密、公害、渋滞などの問題が深刻化しているだけでなく、世界一の速度で沈みゆく都市としても知られており、場所によっては年間二十五センチずつ沈下している。既に市の半分以上が海抜ゼロメートル以下にあるとの報告もあり、二〇五〇年までに完全に水没するとの見解を示す専門家もいる。

首都移転計画の発表にあたりジョコ大統領は、過去二年間に発生した津波や噴火、地震といった自然災害をあげたうえで、被害が最も少ない場所に確固とした首都をつくるとしている。都市移転計画は早ければ二〇二一年にスタートするが、総額三三〇億ドル（約三兆六千億円）かかると試算されており実現は予断を許さない。移転計画先は世界でもまれなオランウータンの生息地であり、環境問題への懸念もぬぐい切れない。

10 「自滅選択」の回避

行動経済学には「双曲割引」(注1)(Hyperbolic Discounting)という非合理的な行動を説明する理論がある。双曲割引とは目先の利益が遠い先の利益よりも大きく見えてしまう意思決定上のバイアスのことだ。人間は将来(長期)大きな利益を得られる計画があっても、目の前(短期)の利益のために相反する行動、すなわち「時間的非整合」な行動をとることがある。一年後に大きなダイエットの効果が期待できても今日のケーキの誘惑に勝てない、将来ガンを患うリスクがあっても今は喫煙を続けるなどの行動だ。政治リーダーの行動にあてはめれば、かなりの時間と調整をかけないと実行が困難で成果を出せない政策よりも、実行が容易で短期間で成果を達成できる政策を優先することだ。

長期的な利益を損なう自己矛盾的な選択を行動経済学では「自滅選択」と呼ぶ。石炭など化石燃料の使用を拡大するトランプ政権の政策は、短期的には雇用拡大と経済成長につながるかもしれないが、長期的には温暖化を加速させる典型的な「自滅選択」と捉えることもできる。しかし、近年の山火事、大雨による洪水、水没危機などの深刻化を考えれば、気候変動は遠い先のリスクではなく、各国で切迫感のある問題として顕在化している。もはや長期と短期の政策の選択の問題ではないのだ。危機を回避するためには、地球環境の問題に限定してでも米中が同じテーブルにつき、協力と連携を進めることが不可欠だが、現在の米中関係の緊張の高まりの中では、国家間の連携に期待するだけでは、事態の悪化のスピードに追いつけない可能性が高い。

（注1）双曲割引は、近い将来の方が、遠い将来よりも主観的割引率が高くなる傾向を説明する概念。時間経過をX軸、割引率をY軸としたグラフが、時間とともに減少する双曲線（反比例のグラフ）になり、遠い将来の減衰は小さいが直近は大きく減衰する。「遠い将来なら待てるが、近い将来ならば待てない」という、非合理な行動を説明

第Ⅲ部　アフター・コロナ時代の世界

第9章　グローバル・メガトレンド

1　不確実性に対応するラムズフェルド論法

米国でブッシュ（息子であるジョージ・W・ブッシュ）政権時の国務長官だったドナルド・ラムズフェルドは二〇〇二年二月の記者会見で、イラク政府がテロリスト集団に大量破壊兵器を提供した証拠がないことを問い詰められ、以下のように応じている。

何かがなかったという報告は、いつも大変興味深いものです。まず「既知の既知」（known knowns）、すなわち自分が知っているということを知っていること、そして「既知の未知」（known unknowns）、すなわち自分が知らないということを知っていること、という二つの場合があることは（皆さんも）おわかりでしょう。しかし、「未知の未知」

(unknown unknowns)、すなわち自分が知らないことさえも知らない、ということもあるのです。

ラムズフェルドは、サダムフセインのイラクと対峙するには「未知の未知」が存在することを前提に考えるべきであること、つまりフセインが支配するイラクの脅威を疑うことさえしないとすれば、それは極めて危険であると言いたかったのであろう。しかし当時その発言は、記者たちを意図的に煙に巻こうとしたものか、単なる失言ととらえられた。

時間の経過とともにラムズフェルドが会見で語ったロジックは大量破壊兵器の存在の有無とは切り離され、世界の心理学者、社会学者、経済学者から正当なものと評価されるようになる。とりわけスロベニアの哲学者スラヴォイ・ジジェクは、ラムズフェルドの三分類に加えて、第四の分類となる「未知の既知」(unknown knowns) がより重要と指摘した、それは、自分が知っているということを知らないことにすること、すなわち自分が知っていることであっても意識的にそれを知っていると認めることを拒絶することだ。それは「不都合な真実」に目をつぶることであり、本来問題に対処する際に最も避けるべきことである。

「問題を発見する」とは「未知の未知」を「既知の未知」に変えることであり、「問題を解決する」とは「既知の未知」を「既知の既知」に変えることである。現実には圧倒的に多いのは「未知の未知」(知らないことすら知らない) のはずなので、まずはそれを「既知の未知」に変えること、すなわち問題を問題として認識することが必要だ。当然のことながら「未知の未知」や「既知の未知」の状態で問題に対処する際に、経験や知識だけに頼れば大きく判断を誤ることになる。

2　「未知の既知」への対峙

二十一世紀に入ってからの米国同時多発テロ（September 11）、リーマン・ブラザース・ホールディングス破綻後の世界的な金融危機（リーマンショック）、東日本大震災とその後の原発事故（3・11）、そして今回のコロナ感染は、当然それぞれ別の原因と背景のもとで起こったものだが、今ではそれぞれの原因や背景も含め「既知の未知」もしくは「既知の既知」、となっている。

改めて考えるべきは、過去に発生した危機はいずれも発生前においては「未知の未知」であったため予測は不可能だったとしてあきらめ、一方で次なる「未知の未知」の襲来に対しては、「既知の未知」に変える努力を怠ったまま、ひたすら怯えるだけになっていないか、ということだ。本当は、「未知の既知」、すなわち対応策は発見できていないものの、問題が発生することは想定できるにもかかわらず、目をつぶっているのなら、改めて正面から向き合い、発生可能性を検証し、対策を検討することが必要だ。将来に向けてグローバル社会が直面している課題に対して「既知の未知」として向き合い、時間と英知を惜しむことなく投入して「既知の既知」に変える挑戦が必要なのだ。

3　グローバル・メガトレンドを踏まえた課題の体系化

当然のことながら「既知の未知」の事象にはリスクだけでなく、想定外の良いことが起こる希望も含まれている。常に「未知の未知」の存在を意識しつつもまずは「既知の未知」として向き合うことによって、たとえ想定外の事象が発生した場合でも、パニックに陥ることなく、冷静かつ柔軟に対応するための準備ともなる。

現代はグローバルにビジネス展開する企業だけでなく、国内事業に集中する企業であっても、地球的課題、地政学的課題に基づくリスクの影響から逃れられない時代だ。これまでSeptember 11、リーマンショック、3・11、今回のコロナ感染のような世界中に衝撃が及ぶ危機が発生した場合に、多くの企業は想定外で予測困難であったため対応できなかったとしてきた。リスクとして予測できるのであれば、企業は発生確率を踏まえて対策し、それをコストに織り込む必要がある。逆に本来はリスクとして認識可能にもかかわらず「問題発見」の努力を怠たり、気づかないまま放置する（「未知の未知」を「既知の未知」に変えない）、あるいはリスクとして認識しているにもかかわらず「不都合な真実」として放置し（「未知の既知」）、何も対策を講じなかったとすれば市場は経営の怠慢と判断すべきであろう。

複雑化した課題を前にすると、多くの人は無関心を装い、何もすることなく問題を放置しがち

図表５　グローバル・メガトレンド・マップ

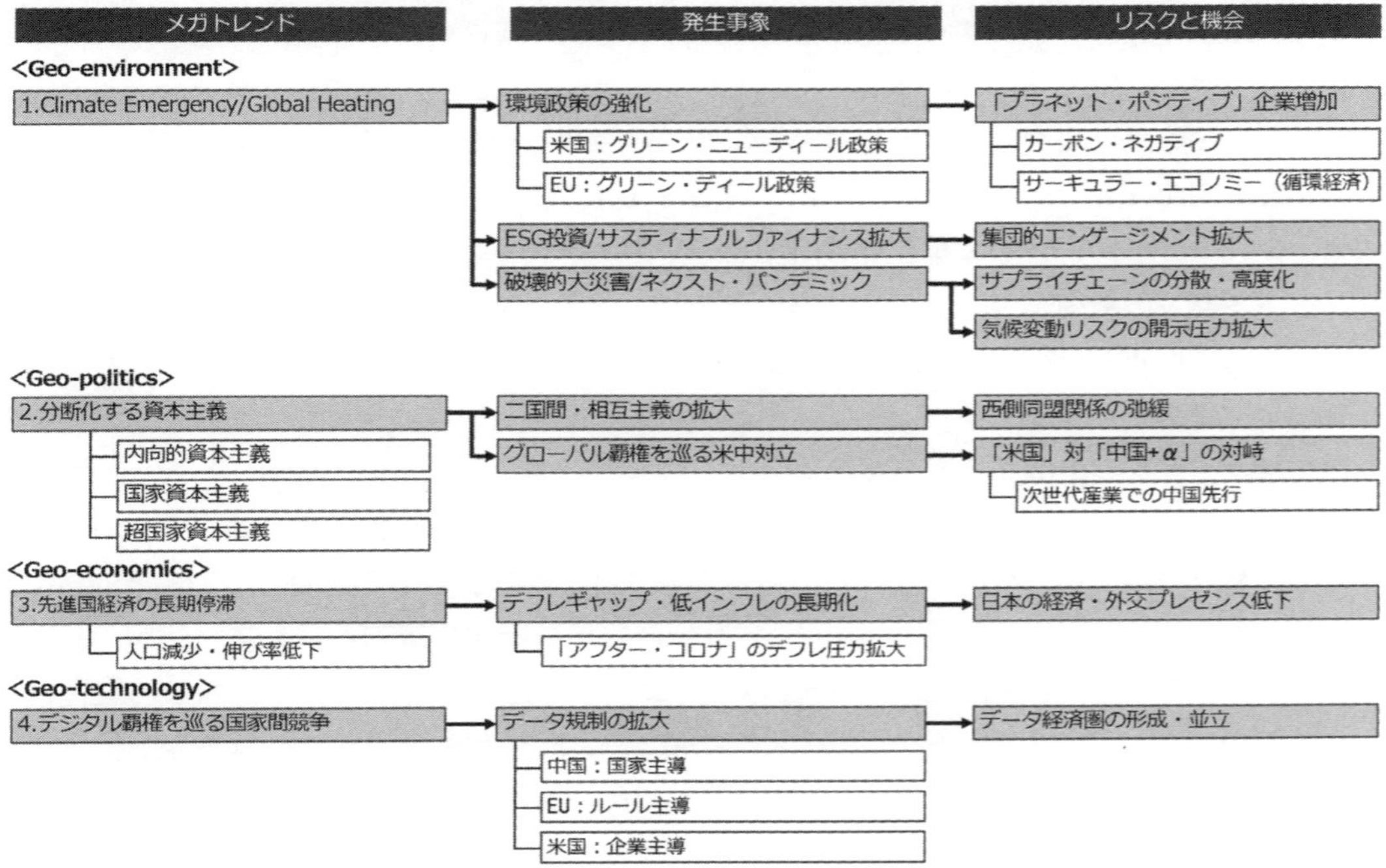

だ。今後の世界を展望して経営への影響を考えるとすれば、まずは課題の体系的把握から始めることが必要だ。ここでは、世界が直面している課題を、Geo-Challenges の四つの視座に立って、相互の関係性も含めて分析し、グローバル・メガトレンド・マップに整理してみよう。体系的把握を踏まえることによって初めて、自社の課題として何に備えるべきか、具体的に何を実行すべきかを検討する段階に進むことができる。

初めに今後一〇年程度の中長期に渡って世界的に続くことが想定される「メガトレンド」を示す。個々の発生事象の予測と異なり、「メガトレンド」は中長期的に進展する世界潮流であり、時間の経過とともに多少の揺り戻しはあるにせよ、各分野の専門家の予測もほぼ収斂している。

具体的に「メガトレンド」として考えられるものをあげてみよう。Geo-environment では、「地球環境問題の深刻化」、Geo-politics では、「資本主義の分断化」、Geo-economics では、「先進国経済の長期停滞（セキュラー・スタグネーション）」、Geo-technology では、「デジタル覇権をめぐる国家間競争」である。いずれも少なくとも今後一〇年程度の期間は世界的に続くと考えられる。

次に「メガトレンド」が続く中で高い確率で現実となることが想定される「発生事象」を示す。実際には既に一部発生している事象、数年後にほぼ確実に発生すると想定される事象も多い。そうした現実を直視し、向き合う覚悟が重要となる。

次に、「発生事象」が現実化した場合に企業経営に大きな影響を与える「リスクと機会」を挙げる。ここで確認すべきは、ビジネスにおいてはリスクは常にチャンス、すなわち事業機会でもあるということだ。「リスク」とは、それに対応し解決することを求める需要が存在するということであり、もし解決できれば、新たな事業機会が生まれ、社会が大きく変わる。

最後は「メガトレンド」、「発生事象」、「リスクと機会」及びそれらの相互関係を踏まえた上で、自社が今後対応すべき経営課題を明確化し、具体的な対応を検討する作業だ。当然のことながら、企業ごとに事業も、置かれた事業環境も異なるため、進むべき途は自らの責任で判断するしかない。

世界は常に激動の中にあり、「メガトレンド」「発生事象」「リスクと機会」が大きく変化する可能性もある。「メガトレンド」「発生事象」「リスクと機会」の検討を予測作業と捉えるのではなく、将来を体系的に把握し、備えるための戦略策定プロセスと捉えることが重要だ。戦略策定においては常に変化に目を配り、変化を踏まえた見直しが不可欠となる。

4　メガトレンド1：Climate Emergency /Global Heating

第一の「メガトレンド」は地球環境問題の深刻化、Climate Emergency/Global Heating である。カリフォルニアの夏の旱魃と山火事、オーストラリアの砂嵐、日本の大規模豪雨など近年世界各地で毎年のように大規模な自然災害が発生している。水は雲を介して絶えず地球をめぐる。温室効果ガスの排出増加によって地球の気温が一度上昇すれば大気が保持できる水分量は七％増加する。そのため雲の中ではより激しい水分運動が発生し、極端な気象現象が発生する。温暖化の進展により北極の氷河もどんどん溶け続けており、一九七九年以降一〇年ごとに一二・八％減少してきた。二〇一八年の氷がカバーする面積は一九八〇年と比べ四〇％以上も減少している。

地球環境問題は今や、「気候変動」（Climate Change）から「気候緊急事態」（Climate Emergency）へ、「地球温暖化」（Global Warming）から「地球加熱化」（Global Heating）へと深刻化しており、対応の緊急度も高まっている。

Climate Emergency/Global Heating という「メガトレンド」が長期に渡って続く中で想定される「発生事象」は、第一に主要国の環境政策の強化だ。現状はトランプ政権のもとでパリ協定からの離脱を宣言している米国も含めて、いずれ主要国は温暖化の進展、自然災害の増加などの現実に対応して、政策を前倒しして強化する方向に進む。現在の各国の取り組みを見ると、ＥＵが対応ルールや規制強化で先行し、戦略的に産業競争力強化につなげようとしている。中国は一貫して自らを発展途上国の代表的立場と位置付けており、先進国と比べ対応の水準は低い。一方で、政府が大気汚染や水質汚染の改善など人々の生活の安全・安心を向上させることは、共産党が国民の支持を得て一党支配体制を安定させるために不可欠と認識している。また、その実積と経験を他の発展途上国への支援と市場拡大に活かすことで途上国との関係強化につなげる意図もある。

パリ協定からの離脱を宣言した米国は、現在はＥＵの対極の立場に立っているように見えるが、民主党がカーボン・ニュートラルを目指すＧＮＤ（Green New Deal）政策を掲げ、州レベルでもカリフォルニア州などパリ協定に積極的に対応する州が増えている。企業でも、"We are still in"（我々は離脱していない）、"United for the Paris Agreement"（パリ協定に向けた団結）などの宣言に署名し、自社はパリ協定に応じた温室効果ガスの削減を続けるとともに、連邦政府に離脱撤回を求める企業数が数百に達している。今後は環境問題への意識が高いミレニアル世代、Z世代の人口が増加していくことも踏まえれば、時間の経過とともに州レベル、連邦レベルでも政策転換が広がっていく。いずれパリ協定にも復帰するものと考えておく必要がある。

現在日本のエネルギー・環境政策に関する海外からの評価は厳しい。原発事故の影響から火力発電への依存度が高いことの影響もあり、近年は日本から世界をリードする政策を打ち出せないジレンマもある。現在は、パリ協定を離脱した米国のトランプ政権に国際的な批判が集中しているが、早ければ二〇二〇年大統領選後に民主党政権が誕生してGND政策に転換すれば、EUと米国の政策が一気に接近し、先進国の中で日本が取り残される可能性がある。

今後は、国家、企業いずれにおいてもカーボン・ニュートラルに向けた動きが加速する。米国で民主党政権が誕生し、GND政策でカーボン・ニュートラルを長期の政策目標として掲げれば、EUと米国の足並みが揃い、一気に世界的な流れとなる。ESG投資などを通じて市場もその流れを加速させる。

企業にとって「リスクと機会」となるのは「プラネット・ポジティブ」企業の増加だ。近年、目標年次を決めて二酸化炭素の排出量と吸収量の合計をゼロにする「カーボン・ニュートラル」達成を宣言する企業が増えているが、今後は排出量より吸収量の多い「カーボン・ネガティブ」を宣言する企業が増えていく。二酸化炭素の排出量とともに、モノづくりなどに使用した資源循環にも責任を持ち、「カーボン・ネガティブ＋サーキュラー・エコノミー」によって地球環境改善に貢献する「プラネット・ポジティブ」な経営が広がり、「プラネット・ネガティブ」企業の企業価値は相対的に低下する。現在は市場で寡占状態の地位にあり圧倒的優位を確保している企業であっても、「プラネット・ネガティブ」を続ければ、市場から退出を求められる可能性もある。

第二の「発生事象」は、ＥＳＧ投資、サスティナブル・ファイナンスの拡大による市場の革新的変化である。株式市場はＥＳＧ投資、金融業界もサスティナブル・ファイナンス（持続可能な金融）の拡大によって、各国の政策の転換を先導していく。

地球上には多くの複雑な問題が錯綜しているように見えるが、国際社会は既に政府、企業、個人など全ての経済主体が取り組むべき課題を共有している。二〇〇六年に、当時のアナン国連事務総長が提唱した責任投資原則（ＰＲＩ：Principles for Responsible Investment）を起点に拡大したＥＳＧ投資は、財務情報だけでなく環境や社会への責任を果たしているかを投資判断に加え、投資家や運用機関に市場を通じて企業に直接影響力を行使することを求めている。その後二〇一五年には国連が持続可能な発展目標（ＳＤＧｓ：Sustainable Development Goals）として気候変動、貧困、人権問題など一七の国際社会が共通に取り組むべき目標とそれを具体化した一六九項目の達成基準を示し、企業に対しても受動的な社会貢献ではなく、より主体的な社会課題解決へ取り組む行動を促している。これまでの人間の経済活動、とりわけ企業の行動が問題の多くを作り出してきたのだとすれば、その解決もまた企業が経済活動によって担うことが可能との考え方に立っている。

ESG投資家は企業に対してグローバルな基準に立った具体的な対応と行動、そしてその説明を求める。とりわけ、近年、世界的に異常気象や干ばつ、集中豪雨、高温や乾燥による山火事など自然災害が増加し、経済的損失も増大する中で、環境（E）をめぐる課題への対応を企業に求める動きが強まっている。一方、コロナウイルスの感染拡大は、感染者の死亡率に所得と人種の違いによる明確な差異を生み出し、企業の存続基盤としての社会（S）の安全と安定が脅かされている状況を企業、投資家の双方に再認識させた。

金融部門では、近年グリーンファイナンスが世界的に拡大している。グリーンファイナンスとは、持続可能な開発に向けて、環境に良い効果を与える投資に資金提供することだ。公的資金、民間資金いずれによるものもあるが、近年は民間資金の拡大に注目が集まっている。民間部門のグリーンファイナンスは、間接金融（銀行）、機関投資家、債券市場の「グリーン化」に分類される。「グリーン化」とは、事業会社や金融機関の体制や活動（資金調達含む）を環境に配慮したものへと変えていくことだ。

銀行の「グリーン化」に関しては、二〇一九年に国連の責任投資原則（ＰＲＩ）の銀行版とも呼ばれる責任銀行原則（ＰＲＢ：Principles for Responsible Banking）が発効したことが大きな推進力となっている。PRBは国連のSDGsやパリ協定に整合した投融資行動を金融機関に求めるもので、日本の三メガバンク・グループを含め既に世界一四〇以上の金融機関が署名している。今後、銀行などの金融機関はグリーンな事業への投融資を拡大し、融資審査において環境リスクを評価する動きが広がる。

機関投資家の「グリーン化」とは、機関投資家が個別の投資判断の際に環境要因を重視することだ。近年、年金基金など巨額の運用資産を擁する機関投資家はユニバーサル・オーナーと呼ばれる。機関投資家は広範な産業や資産分類（アセットクラス）に分散させたポートフォリオを運用するため、経済や市場のミニチュアを所有したような状態となっている。そのため、ユニバーサル・オーナーとしての機関投資家が受託者としての責任を果たすためには経済社会全体の持続的発展に貢献する投資を拡大させ、悪影響を及ぼす投資を排除することが合理的な行動となる。当然、環境（E）、社会（S）、ガバナンス（G）を強く意識したESG投資家としての行動が強まっていく。

投資先企業に対しては、環境への対応を求める働きかけ（エンゲージメント）を行い、環境に悪影響を及ぼす企業からは投資を引きあげる（ダイベストメント）。金融機関にも脱化石燃料投資の考え方に立って、気候変動への対応が十分でない企業への融資から撤退することを強く求める。例えば、温室効果ガスの約三分の二を占める化石燃料由来のCO2を削減する圧力が高まれば、火力発電所、炭鉱、油田などの資産は価値が大きく毀損した「座礁資産」(注1)となるリスクが高い。そのような資産を持つ企業にはそもそも融資すべきではないと判断される。

債券市場の「グリーン化」に関しては、近年、グリーンボンドの発行が注目されている。グリーンボンドとは、国際機関、中央政府、地方政府、金融機関、事業会社などが発行するもので、環境問題の解決に資する事業に使途を限定して資金調達する債券だ。英国の国際NGOであるCBI（Climate Bonds Initiative）が公表する世界のグリーンボンド発行実績によれば、二〇一二年には三十一億ドル（約三四七〇億円）規模だったが、二〇一九年には二五七五億ドル（約二九兆円）規模に達している。OECDも二〇三五年に六二〇〇億〜七二〇〇億ドル（約七二〜八一兆円）まで拡大すると予測している。

二〇一八年の発行額を国別に見ると米国、中国、フランスの上位三ヶ国で全体の約半分を占める。中国はグリーンボンドを重要施策と位置づけ、二〇一六年から発行額を急拡大している。一方で中国は世界最大の二酸化炭素（CO2）排出国であり、GDPと人口は世界の約二割だが、二〇一八年のCO2排出量では世界の二十七%を占めている。また、資金の限られる発展途上国にとっては高効率の石炭火力発電プラントは欠かせないとして、グリーンボンドの使途の対象に含めている。現在のグリーンボンドは規模は拡大しているものの、国際的な認証基準や基準適合に関わる外部評価体制など未整備な課題が多い。そのため発行体の調達資金の使い道についても曖昧さを残したままだ。

企業にとって「リスクと機会」となるのは、機関投資家がグループを形成して企業に温暖化な

図表6　集団的エンゲージメント

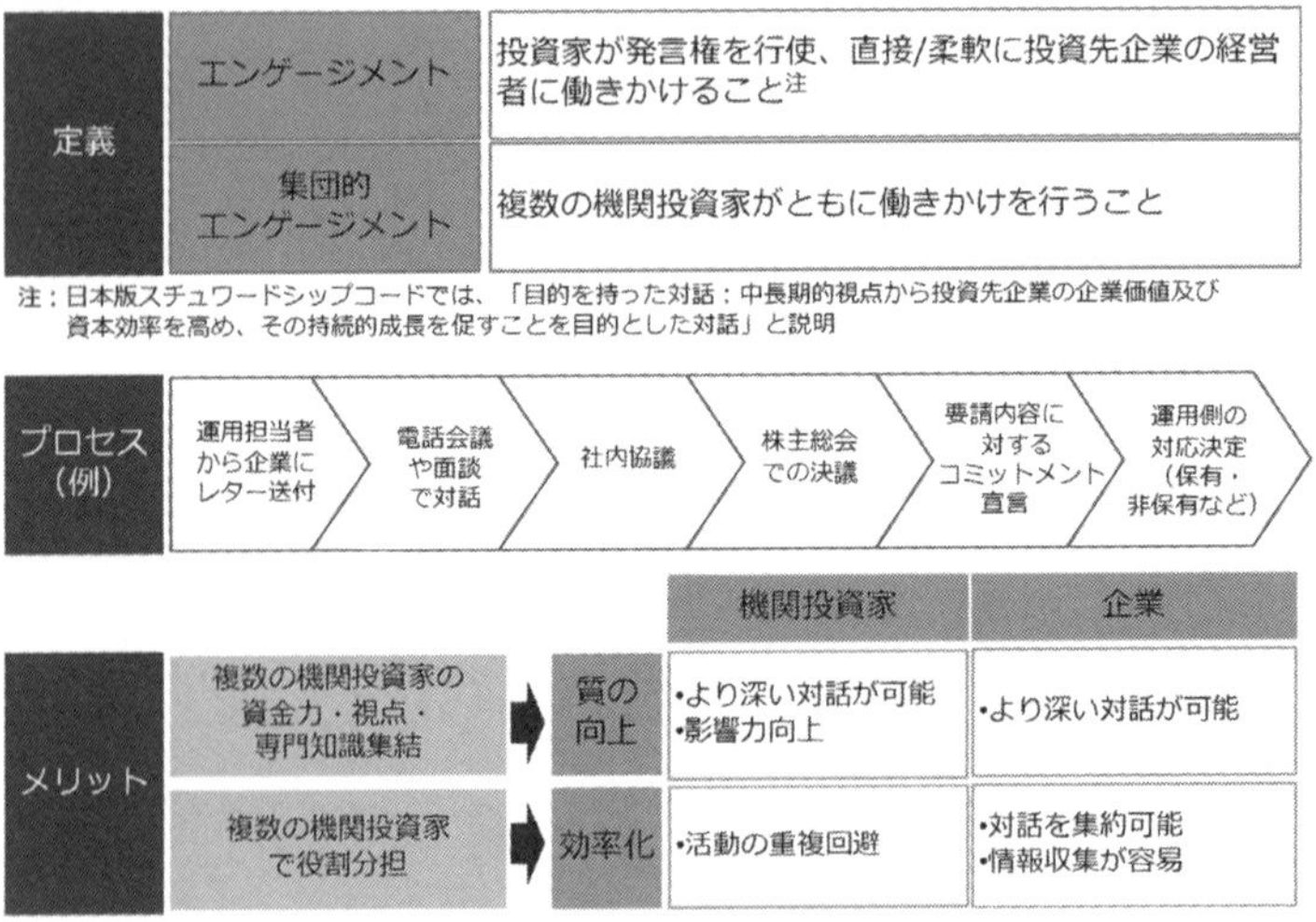

定義	エンゲージメント	投資家が発言権を行使、直接/柔軟に投資先企業の経営者に働きかけること注
	集団的エンゲージメント	複数の機関投資家がともに働きかけを行うこと

注：日本版スチュワードシップコードでは、「目的を持った対話：中長期的視点から投資先企業の企業価値及び資本効率を高め、その持続的成長を促すことを目的とした対話」と説明

プロセス（例）	運用担当者から企業にレター送付	→	電話会議や面談で対話	→	社内協議	→	株主総会での決議	→	要請内容に対するコミットメント宣言	→	運用側の対応決定（保有・非保有など）

			機関投資家	企業
メリット	複数の機関投資家の資金力・視点・専門知識集結	→ 質の向上	・より深い対話が可能 ・影響力向上	・より深い対話が可能
	複数の機関投資家で役割分担	→ 効率化	・活動の重複回避	・対話を集約可能 ・情報収集が容易

資料：国連PRI報告書（2013年）などより日立総研作成

どの環境問題への積極的対応を求める集団的エンゲージメントの拡大だ。企業にとっては個別の機関投資家の要求に比べて、圧倒的に大きな行動変化を促す圧力となる。

企業は環境に悪影響を及ぼす事業をポートフォリオから排除し、座礁資産の発生を防ぐとともに、地球環境問題の改善に事業を通じて貢献することができれば、企業価値向上につながっていく。集団的エンゲージメントは株主への利益還元の前提として、もしくは利益に優先して地球環境問題への積極対応を求める動きを広げていく。

第三の「発生事象」は史上最大級の台風、水害など破壊的大災害の発生と次のパンデミックの襲来だ。自然災害は未だ予測困難である場合が多いものの、近年大規模なハリケーン、台風などの風水害が世界各地でほぼ毎年のように発生しているのが現実だ。気温の上昇による乾燥によって米国カリフォルニア州やオーストラリアの山火事も毎年のように繰り返されている。

二〇一八年の世界の自然災害による損害総額は二二五〇億ドル（約二五兆円）、支払保険金は九〇〇億ドル（約一〇兆円）にまで達した。とりわけ損害額の大きいトップ五の災害は一〇〇億ドル（約一・一兆円）を越えており、その内二つは日本で発生した災害である。ＩＭＦや主要国の金融当局も自然災害が資産価格の下落や担保価値毀損につながり金融機関のリスクとなる可能性について、警鐘を鳴らしている。今や気候変動は自然災害の増大という形で経済活動を脅かしているのだ。

日本でも損害保険会社の過去の保険金支払額で被害の大きさを見てみると、最も大きかったのは二〇一一年の東日本大震災だが、二番目は二〇一八年に関西地域を襲った台風二十一号、四番目は二〇一九年に千葉県や福島県を中心に大きな被害をもたらした台風十九号など、上位一〇番目までのうち七件は過去一〇年以内に、五件は五年以内に発生した災害が占めており、近年の自然災害の大規模化を示している。今後も、近年の台風やハリケーンを超える史上最大級の災害が発生するリスクが常にあると考えるべきであろう。

二〇一七年にパリで開催された気候変動サミット（One Planet Summit）で各国中央銀行などの有志によって設立された「気候変動リスク等に係る金融当局ネットワーク」（Network for Greening the Financial System）の報告書では、気候変動が企業や組織に与える財務上のリスクを、「物理的リス

図表7　日本における自然災害の保険料支払い額

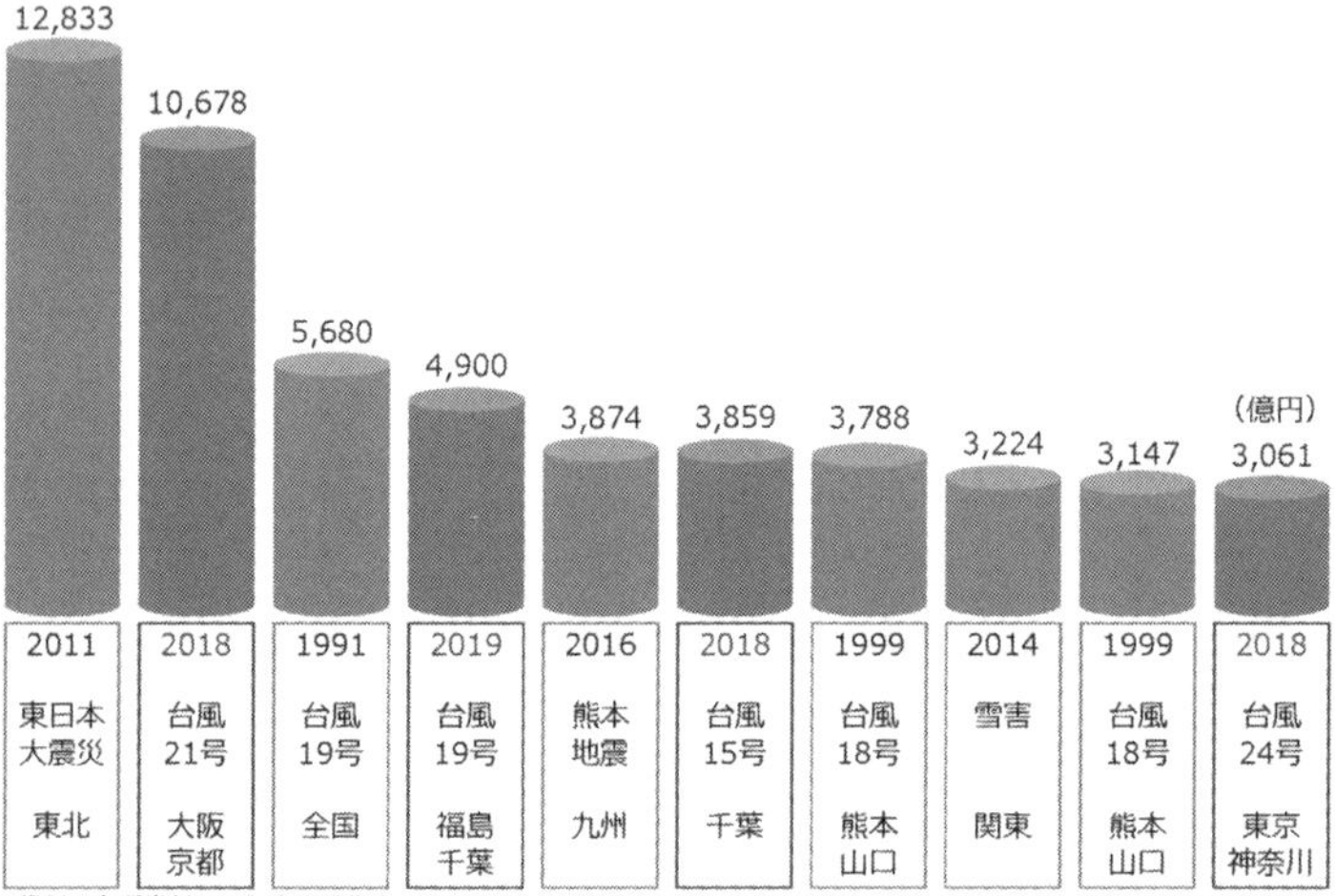

資料：各種資料より日立総研作成

ク」と「移行リスク」に分類している。「物理的リスク」とは気候変動によって発生する洪水、山火事、熱波など自然災害による被害がもたらす直接的な損害のリスクであり、既に日本を含め世界各地で現実のものとなっている。「移行リスク」とは、気候変動に伴う政策、規制、技術革新、市場動向、市場評価等の変化によってもたらされるリスクだ。気候変動はもはや避けられない前提であり、今後は政策や規制、経済活動もそれに「適応」もしくは「適合」せざるをえないが、そこにはミスマッチによる混乱や経済活動の制約が発生するリスクがある。企業では保有する資産価値の下落、事業の収益性低下、個人でも住宅価値の下落等が発生し、それらが信用リスクとなって金融システムの不安定化につながる懸念もある。

日本においては、今後三〇年以内に七〇％とされる首都直下地震によって国家機能が麻痺状態となることも考えられる。首都直下地震だけでも復興費用がほぼ政府予算規模の九〇兆円必要とされており、復興は高齢化が進展した成熟国日本にとっては困難を極めることが予想される。

一方で、世界中の人々の命を危険にさらし、短期間でグローバル経済を停止に追い込む圧倒的潜在力があるのは、核戦争以外では感染症の拡大のみだ。どんなに大きなハリケーン、大規模地震であっても被害地域や時間は限定されるが、パンデミックの広がりは地域を問わず影響は数年に及ぶ。

COVID‐19は、過去のペスト、コレラ、スペイン風邪と比べれば、致死性は低い。高齢者や何らかの疾患を持った人の死亡者が多かったCOVID‐19に対して、働き盛りの健康な男女でも感染すれば死に至ったとされるスペイン風邪では、免疫系が暴走する「サイトカインストーム」(Cytokine Storm)が発生したと考えられている。サイトカインとは免疫細胞の数や機能を調整し、人間の体をウイルスから守る免疫ホルモンのようなものだが、これが過剰に産出されると免疫系の暴走、すなわちストーム(嵐)が起こる。「サイトカインストーム」が発生すると正常の細胞まで攻撃されてしまい、容態がある日突然悪化する。

近年のSARS、MERS、エボラ出血熱など予測不能な病原体の出現を考えれば、COVID‐19を一〇〇年に一度のパンデミックと捉えるのは楽観的であり、より致死性の高いウイルスの出現に備えるべきであろう。その際も、信頼性の高いワクチンが開発され、十分な規模で確保されるまでは、三密の回避、マスクの着用など非医学的対策に頼らざるを得ない期間が数年単位となることを覚悟しなければならない。

企業にとって「リスクと機会」の第一は、サプライチェーンの分散と高度化だ。コロナウイルス感染の経験を踏まえて、サプライチェーンの分散化によるリスク回避の動きは既に始まっているが、今後はそれを技術革新が加速させる。

デジタル技術を活用したロボット、オートメーション、AI、3Dプリンティングの広がりは、貿易の流れの本質を変化させ、長期的にはモノの移動を伴う貿易量を小さくする方向に働く。これまで工場で使われてきた産業ロボットは定型的な作業に利用が限定されてきた。今後は進化したAIを活用したロボットに置き換わり、言語や周囲の状況を認識したうえで、複雑で緻密な作業をこなしていく。

高度化したロボットの活用による生産現場の自動化が進展すれば、企業がどこに生産拠点を設置するかを判断する際に、労働コストは重要な要素ではなくなる。物品貿易に占める低賃金国から高賃金国への輸出の割合は、既にわずか一八%にまで低下している。グローバリゼーションの進展とともに、企業はより安いコストを追求して複数の国にサプライチェーンを広げてきたが、今後は市場ニーズへの対応を重視したモデルへ大きく転換する。

電子商取引の普及もあり、企業は顧客や消費市場の近くに拠点を置き、市場の変化や各市場の独自ニーズ、新たなトレンドへの迅速な対応が求められている。多くの企業にとって市場の近くにサプライチェーンを構築することが合理的となっていく。経営資源に関しても市場へのアクセスや、市場ニーズに対応するための高度人材など別の要素が重視される。

二〇〇七年以降、サービス貿易は物品取引と比べて六〇%速いペースで拡大している。通信、情報技術、ビジネスサービス、知的所有権などを含むサービス貿易は、財（物品）の貿易よりも二 - 三倍のペースで拡大している。製造業、小売業の企業も、サービスを提供する事業比率が高まり、サービス貿易がグローバル経済でより大きなシェアを占めるようになる。

多くの産業において、製品（ハードウェア）の提供より使用価値としてのサービスとそれを支える研究開発、マーケティング、流通、アフターサービスなどが大きな価値をもち、より高い成長を遂げる。エコノミストのキャロル・コラードの分析ではソフトウエア、ブランド、知的財産などの無形資産への投資が、既にビル、装置その他の物理的資産への投資を上回っている。サービスや無形資産の価値が高まることは地球の持続性の観点からも重要だ。5Gネットワークによって、遠隔操作ロボットを使った外科手術が行われ、エネルギー、水、交通など重要インフラもリモートで安全かつ効率的に管理可能となる。ハードは何らかの資源を消費し、移動や輸送は現代のエネルギーコストの多くを占めている。より少ないハード、より少ない移動、より少ない輸送で、多くの人々がサービスの価値を享受できる社会環境を構築することが重要となる。

「リスクと機会」の第二は、気候変動リスクの開示圧力の拡大だ。「気候変動リスク＝金融リスク」という認識は既に世界共通となっている。国際金融に関する規制、監督などの役割を担う金融安定理事会（Financial Stability Board）が、気候変動は金融市場に影響を及ぼす可能性があるとの認識に立って設立した「気候関連財務情報開示タスクフォース」（Task Force on Climate-related Financial Disclosure）は、企業に気候変動リスクの影響を分析して、「物理的リスク」「移行リスク」とともに、「ビジネス機会」についても算定して開示することを求めている。今後は自然災害に関しても、被害が発生した後の実損計上から将来の損害を見積もって開示する負債へと会計上の扱いも転換していく。

（注1）座礁資産とは市場環境や社会環境の激変により価値が大きく毀損した資産

5　メガトレンド2：分断化する資本主義

第二のメガトレンドは、今後かなりの長期間にわたって世界には三つの資本主義が並存することだ。第一は戦後の世界経済の発展を中核的に支えてきた自由と公正を基盤とする伝統的な資本主義だ。ただし、多くの国では国内に経済格差や移民問題などを抱えているため、冷戦終結後のような無条件の自由貿易や投資の受け入れは難しい。国内の経済、雇用、国民の意識に常に気を配りながら政策が展開される「内向的資本主義」の色彩が強まっていく。

第二は中国に代表される「国家資本主義」だ。覇権国としての地位を求めて、国家の目的達成のために政府は民間の経済活動を支援しつつ介入もする。経済力、軍事力を高め、国際社会における自国の権益を領土、技術、制度など広範囲にわたって拡大する拡張主義の傾向が強い。

第三は、ＧＡＦＡに代表される巨大デジタル企業が国家機能を超えた制度や仕組みを構築する「超国家型資本主義」だ。デジタル技術やデジタルデータは本来容易に国境を越える特質をもっており、デジタルの利便性を追求していけば国境を超えたグローバル・サービスに行き着くことはむしろ自然とも言える。

フェースブックが発行を計画しているデジタル通貨Libra（リブラ）は、これまで各国の中央銀行のみが有していた通貨の発行権に対して、二七億人のユーザーベースを持つデジタル企業が、国を超えて流通可能な通貨を発行しようとする挑戦だった。価値の変動の大きいビットコインなど従来のデジタル通貨と異なり、Libraはドル、ユーロ、円を含む各国の中央銀行が発行する法定通貨を裏づけとすることにより、価値の安定したステイブルコインを目指すことで、国家による信用の裏付けがなくとも価値を維持する超国家の通貨を目指した。法定通貨以外の通貨の登場は、国家の権限を超えて各国の中央銀行の金融政策の効果に影響を及ぼす懸念があり、また市中銀行の信用創造機能が低下するなどの問題もあるため、各国政府は発行に反対しており、普及は難しいであろう。しかし、金融分野に限らず今後も巨大デジタル企業が、クロスボーダーで利用可能な利便性の高いサービスのプラットフォームを構築し、これまで国家のみが保有してきた権限や機能を担う新たな権力機構となる可能性は常に存在する。

資本主義の分断化と権力の分散が進む中で想定される第一の「発生事象」は、二国間・相互主義の拡大だ。米国は中東やアジアへの軍事展開で山積するコスト、多額の貿易赤字などを抱えて、単独でグローバルなガバナンスの重荷を引き受けることに限界を感じている。国連、WTOなどの国際機関において米国の利益を反映させる合意形成に膨大な時間と労力をかけるより、二国間の直接交渉で経済力、軍事力を背景に米国の利益を確保する方がより効率的と考えている。対立する中国に対しても二国間交渉で転換を求め、同盟国に対してはより多くの責任と負担の分担を求めていく。

今後の「リスクと機会」として想定すべきは、西側の同盟関係が弛緩していくことだ。トランプ政権は、就任して間もない二〇一七年六月にはEUが主導してきた地球環境問題への多国間連携の象徴であるパリ協定からの離脱を表明した。その後も欧州の安全保障の屋台骨を支えてきた北大西洋条約機構（NATO）の集団防衛機能への疑問を繰り返し、欧州側に負担増を求めている。二〇一八年五月には当事国であるフランス、ドイツ、イギリスだけでなく全ての欧州諸国が継続を求めたイラン核合意からも離脱した。国家安全保障上の措置という理由でヨーロッパからの鉄鋼とアルミニウムに関税も課した。

欧州側も米国への報復関税、ロシア産天然ガスをドイツへ直送する海底パイプラインであるノルドストリーム2（注1）敷設などの独自のエネルギー戦略、中国との関係拡大など「運命を自ら切り開く」（ドイツのメルケル首相）政策をとり、それがトランプ政権との緊張をさらに高めるジレンマに陥っている。GAFAなどのデジタル企業が海外市場で得た利益を守りたい米国政府は、デジタル課税をめぐってもEUと対立している。既にデジタル税を導入したフランスに対しては通商法三〇一条に基づく調査を実施し、フランス産のチーズやシャンパンへの報復関税をかけると警告した。イギリス、イタリアなどデジタル税導入を検討している国に対しても調査を実施すると圧力をかけている。OECDのデジタル・サービス税をめぐる多国間交渉の枠組みのような将来へ向けたルールづくりの場からも既に離脱している。

米国の次期大統領が誰であれ、海外での多額の軍事負担、貿易赤字などに関する米国民の不満を考えれば、今後の同盟関係は、米国と同盟国が共有すべき価値と利益が改めて問い直され、同盟国により大きな負担と責任を求める相互主義の関係が強まっていく。

第二の「発生事象」は、グローバル覇権をめぐる米中間の対立の拡大だ。中国が国家安全保障上の脅威であるとの認識は党派を超えて米国議会で共有されている。中国の指導部も「中国の夢」の実現に向けて、米国との摩擦が長期化することは避けられないとの認識を強めている。中国にとってこれまでの成長を支えてきた国家資本主義の根幹に関わる制度・仕組みを大きく変更することは体制の動揺につながるリスクを伴うため、譲歩の余地は限られる。中国は引き続き、外交では米国以外の国との関係を強化し、国内では経済や社会の安定による体制強化を進めていく。米国との決定的な対立は回避して時間を確保しつつ、技術、産業など様々な分野で米国への依存を引き下げていくことが基本戦略だが、米国は時間稼ぎを許容せず、圧力強化に動いていく。

今後の「リスクと機会」は、米国のプレゼンスが低下し、「米国」対「中国＋アルファ」が対峙する構図が多方面で現実のものとなることだ。米国が自ら中核的役割を担ってきた戦後秩序、それを担ってきた国際機関を通じてのリーダーシップを自ら低下させているのに対して、中国は米国との二国間協議に対処しつつ、「一帯一路」政策を通じた陸、海、デジタルなど多層的な「シルクロード」建設推進により外交的、経済的に中国と緊密な関係にあり、軍事的にも中国の立場を尊重する国を拡大しようとしている。

既に米国がパリ協定やＷＨＯから離脱しようとしているため、温暖化やパンデミックへの対応において、「米国」対「中国＋アルファ」の構図が現実となっている。今後米国が二国間協議にこだわる限りは、必然的に米国不在の多国間自由貿易や経済連携協定も増えていく。

中国は国内の感染拡大をいち早く抑え込んだ後は、遅れて感染が広がった各国への支援による国際社会でのプレゼンス拡大へ急展開した。ＥＵの中でも、従来から「一帯一路」に積極的だったイタリアが感染の爆発的拡大で苦悩した際には、医療機器などの支援だけでなく「健康シルクロード」の構築も呼びかけている。ＥＵはこれまでも中国を警戒はしてきたものの、米国のように敵視はしてこなかった。中国は二〇〇八年のリーマンショックや二〇一〇年のユーロ危機の際、経済が悪化したギリシア、スペイン、ポルトガルなど南欧、中・東欧諸国への経済協力を積極的に進めてきた。米欧関係の弛緩、ＥＵの求心力低下、加盟国間の対立などの間隙をついて中国外交は「中国＋アルファ」の拡大を巧みに進めている。

次世代技術の開発や社会実装を中国が先導し、他国へ展開する可能性も高まる。実際に5Gではインフラ整備、新サービスの創造などで中国企業が先行している。新興国中心に多くの国では既に中国製品抜きでのインフラ構築は困難となっている。米国の要請に対応して中国製品を排除すれば、インフラ整備のコストは上昇する。中国が進めている製造業高度化の産業政策「中国製造二〇二五」が進展すれば、半導体、液晶パネルなどでも近い将来世界最大の生産国となり、コスト競争でも現在世界シェアトップの韓国を凌駕する可能性が高い。

（注1）ノルドストリーム2とは、ロシアからバルト海経由で天然ガスを直接ドイツに送るパイプライン。ロシアの国営企業ガスプロムとドイツ、フランスなどの企業が出資

6　メガトレンド3：先進国経済の長期停滞（セキュラー・スタグネーション）

第三の「メガトレンド」は先進国経済の長期停滞である。コロナウイルスの感染拡大前、とりわけリーマンショック以降は、日米欧先進国は過去と比べ低い経済成長率、低い物価上昇率が続いていた。自動車、家電などの耐久財消費は、購入時期は先送りされても、感染が収束すれば需要は徐々に回復する。しかし、長期停滞の原因とされる人口減・高齢化、格差拡大、労働分配率低下などによる需要の停滞は、近い将来変化する要因が見あたらない。経済が成熟した先進国が

コロナ・リセッションというかつて経験したことのない大病を患った。病が癒えた後、どれだけ元の体力を回復できるかは不透明だ。世界経済がコロナ危機を乗り越えた後も、先進国経済の低成長問題はより深まる可能性が高い。

先進国経済の長期停滞が続く中で、想定される「発生事象」はデフレギャップと低インフレの長期化だ。コロナウイルス感染拡大が広がると、需要が急減し、経済は戦後最大の落ち込みを見せた。需要の「蒸発」は物価の下方圧力をさらに強める。企業は事業の縮小や休業を強いられ、失業、労働時間短縮などで所得が減った労働者は消費を切りつめた。需要の減退により、収益が悪化した企業は設備投資を抑制し、生産能力の抑制、縮小、あるいは廃業などを通じて、再び供給の抑制をもたらす。

感染拡大により供給側から始まった負のスパイラルにより、経済活動は感染収束後も元の水準まで戻るには少なくとも数年を要する。リーマンショック後も、世界的に、生産性上昇率、潜在成長率が低下し、経済活動がそれ以前の水準を取り戻すまでに時間を要した。日本の実質GDPが経済危機前の水準を取り戻したのは、五年と一・四半期が経過した後となり、その間に失われた国民の所得（名目GDP）は、一五八・六兆円にまで達した。コロナ感染拡大に伴うテレワークや、リモート・サービスの拡大は、ワークスタイルや生活スタイルを革新し、生産性の向上につながるが、短期的には既存業務の自動化などによって、雇用を削減する。通勤、通学、出張などのモビリティ需要とその波及需要も、感染前の水準には戻らず、分散化し、多様化していく。日本、ドイツ、イタリアなど総人口が既に減少に転じ、マイナス金利を維持しても、構造的にデフレギャップが発生する国にとっては、新たなデフレ要因が加わることになる。企業の倒産を防ぎ雇用を守る政策の後は、社会を革新する新たな需要を創出することにより潜在成長力を高めることが不可欠だ。

今後の「リスクと機会」は、日本の経済・外交プレゼンスの低下だ。コロナ感染による景気後退により日本経済がデフレに逆戻りした場合、既に量的緩和、マイナス金利政策を続けているため、追加できる金融政策は限られる。財政面でも感染拡大前から毎年補正予算等の財政支出で景気を下支えしてきたが、デフレ脱却まで経済を引き上げることはできなかった。感染拡大時は、企業の存続と国民の生活を支えるための財政支出は、経済破綻を防ぐために不可避だが、感染拡大前の潜在成長率とされた〇・六％前後の成長を今後も維持することは容易ではない。経済がデフレに回帰し、低迷が長期化した場合、国民の不安や不満が顕在化し、政治の不安定化につながる。これまで長期安定政権のもとで保たれてきた日本の国際プレゼンスが低下するリスクもある。

7　メガトレンド４：デジタル覇権をめぐる国家間競争

第四のメガトレンドは、デジタル覇権をめぐる国家間競争だ。ロシアのプーチン大統領が人工知能の開発をリードする国が「世界の支配者になる」と宣言し、中国が「二〇三〇年までにＡＩ

のグローバルリーダーになる」という目標を設定したのは、いずれも二〇一七年だった。米国も二〇一九年初頭に「アメリカＡＩイニシアティブ」を発表し、国防総省も民間企業や同盟国との連携を含めたＡＩ戦略を公表している。ＡＩとデータをめぐる競争は、各国の国家体制や安全保障をめぐる攻防に発展する可能性を秘めている。

ＡＩは戦争の概念も激変させる。ＡＩは人間よりも多くの情報を瞬時に処理できるので、リアルタイムで混沌とした戦況を評価する有用な手段となる。兵士の戦場における状況認識を改善し、司令官の意思決定と伝達の質を高める。近い将来、戦場においては人間よりもＡＩを搭載したロボットの方が速く正確に組織的に移動することになろう。

民間企業が政府に明確に反対することが許されない中国では、「軍民融合」は特別のスキームではなく、民間の技術革新の成果も容易に軍事利用できる。一方、米国では近年ワシントンとシリコンバレーの間でＡＩの軍事利用をめぐって対立も見られる。グーグルとマイクロソフトはペンタゴンとの契約に反対し、グーグルはＡＩを利用して監視カメラ映像を分析するプロジェクトへの参加を中止している。仮に米国がＡＩビジネスで優位を保ったとしても、軍事的優位を保てるとは限らない。

中国はデジタル権威主義への道を邁進しており、データ分析、顔認識システムなどを活用して、犯罪予測、予防的警備も行なっている。監視カメラの巨大ネットワークは、市民の不審な行動を検知するアルゴリズムに接続され、集積されたデータは常に分析されている。

中国は国内で監視国家の基盤として構築したシステムの輸出も拡大している。二〇一八年、ジンバブエは中国企業との間で市民の顔データベースを構築し、顔認識監視システムを空港、駅、バスの停留所に設置する契約を交わした。ジンバブエ政府が、契約した中国企業が数百万の顔データを中国に送信することに合意したことにより、同社の黒人を対象とした顔認識システムの能力は飛躍的に向上した。中国はマレーシア、モンゴル、シンガポールなどにも監視技術を輸出することを計画している。中国の監視技術が犯罪捜査の効率や有効性を飛躍的に高めるとすれば、未だ独裁的な国家体制のもとにある新興国だけでなく、民主主義国の中にも魅力を感じる国もあろう。

想定される「発生事象」は、主要国におけるデータ規制の拡大だ。AIとデータが同期することにより経済社会は指数関数的な革新を遂げようとしている。AIによってデータの価値が革新的に高まるため、国家間でデータ覇権をめぐる競争が広がっている。現状のデータ活用に関する考え方には中国、EU、日本、米国など各国間で大きな差異があり、国境を超えたデータの移動や活用には様々な制約がある。

EUでは域内に単一のデジタル市場を形成するため、データ活用の際のルールの確立を優先させている。個人データ保護を基本的人権の確保と位置づけ、「EU一般データ保護規則（GDPR：General Data Protection Regulation）によって、企業などに個人情報の処理や移転に関する厳格な規制を設けている。一方、EU域内では個人データ、産業データとともにセキュリティを確保することを条件に国境を越えた持ち出しを自由化する。加盟国間で異なる法律、制度、通信環境などを調整し、統一ルールを定めたうえで、域内に確立したルールのもとに単一のデータ経済圏を世界に先行して構築することにより、競争優位を確立しようとしている。

中国はデータは国家が管理する原則を明確にしている。政府はBAT（Baidu：百度、Alibaba：阿里巴巴、Tencent：騰訊）と呼ばれる中国のデジタル企業がECサービスなどで集積したデータ、政府や行政機関が保有する個人情報、行政サービスを通じて集積したデータもすべて政府の管理下に置いている。二〇一七年六月一日に施行された「サイバーセキュリティー法」（インターネット安全法）では、「公共通信・情報サービス、エネルギー、交通、水利、金融、公共サービス、電子政府などの重要な産業、国の安全、国民経済と民生、公共の利益に重大な危害を与える重要情報インフラ」の運営者に対し、中国国内で収集・発生した個人情報や重要データを、中国国内に保存することを義務付け、国外に提供する場合は、当局の安全評価を受けることを求めている。さらに、同法は効率的な国家情報体制の整備を目的に掲げ「いかなる組織及び個人も、国の情報活動に協力する義務を有する」と明記している。多くの民主主義諸国では国民が自国の情報機関に協力するか否かは個人の自由意思に委ねられているが、中国は、国民にも企業にも国家の情報活動への協力を強制しているのだ。さらに、「データ安全法」（データセキュリティ法）と呼ばれる新法では、一般のデータを含むあらゆるデータの収集、保持、加工などに関して安全保障の観点から政府がランク付けし、国家の安全に影響を与える可能性がある場合には審査を行い、公安などの機関が国家の安全維持のためにデータの収集が必要と判断した場合は、企業や個人の協力を義務付けるなど管理を強化しようとしている。

米国では政府はGAFAを中心としたデジタル企業の活動に特段の規制は設けておらず、GAFAがプラットフォームを構築して世界中からデータを集積してきた。巨大化したGAFAを独占禁止法の立場で分割すべきとの議論はあるものの、具体化には至っていない。中国のデジタル企業が台頭する中で、国際競争力を有する米国企業を分割によって弱体化させることがよいのかも議論となっている。個人情報保護のための包括的な連邦法は制定されていないが、医療、金融サービスなど特定分野における個人データの取り扱い規制は数多く規定されている。また、州レベルでも、例えばカリフォルニア州には企業に厳格なプライバシー保護を義務付ける新たな州法「カリフォルニア州消費者プライバシー法」(CCPA: California Consumer Privacy Act)がある。CCPAはEUのGDPRにならったルールで、州民に対し自らの個人情報を保有する企業に収集内容の開示やデータの削除、売却停止を請求できる権利を認めている。

日本は二〇二〇年の改正個人情報保護法で、消費者が個人データの利用停止や消去の請求、第三者への提供の停止請求をする際の要件を緩和するなど、個人の権利の範囲を広げている。これまで多くの国で個人情報漏えい時の報告が義務化される中で、個人情報の利用停止や消去請求についての企業の対応は努力義務だったが、改正後は報告と本人への通知が義務化される。その結果、二〇二〇年改正個人情報保護法の内容は実質的にEUのGDPRにかなり近いものとなる。

二〇一九年一月に、日本とEUの間で、相互に「個人データの移転を行うことができるだけの十分なデータ保護の水準を持つ」と認め（十分性認定）、円滑な個人データ移転を図る枠組みが発効した。十分性認定に基づき、EU域内から日本に移転された個人データは、日本の個人情報保護法だけでなく、「個人情報の保護に関する法律に係るEU域内から十分性認定により移転を受けた個人データの取扱いに関する補完的ルール」にも従って扱われる。同じく、日本からEU域内への個人データの移転においても、本人の同意は必要なくなる。デジタル単一市場を目指すEUと日本は同じルールを基盤としたひとつのデータ経済圏に向けて先行して歩み始めたことになる。

今後の「リスクと機会」は、データ経済圏の形成と並立だ。「信頼性のある自由なデータ流通」（DFFT：Data Free Flow with Trust）は、二〇一九年一月に開催された世界経済フォーラム年次総会（ダボス会議）で当時の安倍首相が提唱したものだ。DFFTは、今後のデジタル社会の競争力の源泉となるデータに関して、政府や独占的企業など特定の主体が抱え込むのではなく、プライバシーやセキュリティ、知的財産などの安全とデータの信頼性を確保した上で、原則として自由な流通を確保すべきであるという基本的な価値観を示したものだ。

DFFTはグローバル社会が特定の国や企業のデータ覇権を許容することなく、国際共通資本としてのデータの価値を最大限活用するために極めて重要だが、その実現には新たなルールや秩序づくりのためにかなりの時間を要することも予想される。そのため、DFFT実現までのプロセスにおいては、データに関する価値観を共有する国、地域間で統合されたデータ経済圏を構築する動きが段階的に進展していく。

産業データに関しては、企業が複数の国で事業展開する中で、ＩｏＴ化の進展によって工場を初めとしたサプライチェーンの各現場で収集したデータを最大限活用するとすれば、国を超えたデータの流通が不可欠である。中国のように現在データローカライゼーション政策をとっている国も、いずれ国境を超えたデータ流通を認める政策に転換する可能性がある。当面は「データ経済圏」の形態は二国間、多国間など多様となろうが、「データ経済圏」の中で、国境を超えてデータが流通し、データを活用した新たなサービスが先行的に創造され、市場が形成されていく。

8　グローバル・メガトレンドを起点とした企業経営

グローバル・メガトレンド・マップによる課題の体系化を踏まえて、最後に自社が今後対応すべき経営課題を明確化し、具体的な対応を検討する最も重要な作業が残されている。現在の経営のリニアな延長線上に未来を描くのではなく、変化を先取りして近い将来のあるべき企業の姿を考え、そこに到達するために必要な施策を検討する作業だ。個々の企業ごとに置かれた環境は異なり、進むべき途《みち》は自らの責任で判断するしかない。ただし、検討すべき課題は以下のような分類が考えられる。

第一は事業の見直しだ。四つのメガトレンドを踏まえて、継続困難となる事業は撤退も含めて見直し、継続する事業に関しては今後のコスト構造やサービス事業化の可能性を検討するなど事業の将来を展望したポートフォリオの見直しを行う。当然、メガトレンドの中で時代が求める新たな事業の可能性についても検討する。

第二は市場の見直しだ。市場を国単位だけでなく、自由貿易圏、データ経済圏など多層的にとらえた上で、今後の有望市場、注力すべき市場とサプライチェーンのあり方を検証する。当然、各市場のリスクと機会を踏まえた上での検討となる。

第三は、資産の見直しだ。事業再編の方向性も踏まえ、将来に向けた各資産の価値創造の見通し、「座礁資産」化するリスクの回避、国別の事業規模と資産規模のバランス、不稼働資産の最小化による資産効率向上など、資産を量（Light Asset）と質（Right Asset）の両面から見直し、最適化するための具体策を検討する。

第四は、マネジメントの革新だ。ヒト、モノ、カネ、データといった経営資源をデジタル技術の進化も踏まえて、最大限活かすガバナンスとマネジメントのあり方、大規模自然災害や新たなパンデミック発生の可能性も踏まえた経営のレジリエンスの向上などを検討する。

第10章　ネクスト・パンデミックに備えた「大転換」

1　一九七〇年の国際ＳＦシンポジウム

今をさかのぼること半世紀前の一九七〇年、日本初の国際ＳＦ（Science Fiction）シンポジウムが米国、英国、カナダ、当時のソ連などから著名なＳＦ作家を招いて開催された。来日した各国の作家たちの到着第一声は、「ガスマスクを持って行けって言われたけど、大丈夫、息ができるわ」（ジュディス・メリル、カナダ）、「スモッグで空が見えないって聞いたけど、金星が見えるじゃないか」（ブライアン・Ｗ・オールディス、英国）。ＰＭ２・５が深刻な今の中国やインドでもここまでは言われないだろうが、各国間の人々の往来も現代と比べればはるかに少なかった時代、東京は世界からそのようなイメージで見られていたのであろう。

このシンポジウムには、日本からも小松左京、星新一、福島正実といった当時の著名なSF作家たちに加え、漫画家の手塚治虫、石森章太郎、イラストレーターの真鍋博など多彩な面々が顔をそろえ、東京、名古屋、大津と会場を移しながら、「SFと文明」、「SFはどうあるべきか」などさまざまなテーマで議論が展開された。SFは、空想的な世界を科学的仮想に基づいて描いたフィクションであり、必ずしも未来を予測するものではない。過去の歴史を振り返ってもSFと科学進歩が、結果として同期することは珍しいことではないが、作家たちは、むしろ自らの自由な発想に立って科学進歩はもちろんのこと、その先にある社会のより良き姿を考えることも使命としているのかもしれない。シンポジウムの議論の中でも、米国の作家フレデリック・ポールが、自らのSFへの思いを「SFは科学と文明の発展を予想するだけでなく、予想を実現させる働きをもつ。科学者がSFからヒントやアイデアを得た実例がたくさんある。それは社会問題に関しても同様で、予想しうるさまざまな未来を描くことによって、より良い社会への方向の選択が可能になる」と語っている。

三日目のシンポジウムは会場を東京から名古屋に移し「空想的交通論」をテーマに開催され、自由かつ大胆なアイデアが飛び交った。「引力を利用した地球貫通列車」、「魔法の空飛ぶじゅうたんのようにどこでもいける反重力装置」、「ベーリング海峡をせき止めて、ロンドン、パリ、モスクワ、ニューヨーク、ブエノスアイレス、南極を五日間で結ぶ原子力超音速列車」、極めつけは「ポンコツになったら食べてしまえる『テンプラカー』をトヨタに開発してもらおう！」。

一連のやや発散気味の議論を締めくくったのは、特別ゲストとして参加した京都大学の社会学者・加藤秀俊の示唆に富んだスピーチだった。「人間はスピードの価値を人間の価値そのものと錯覚しがちだが、実はビジネスの価値にすぎない。われわれはスピードの価値を考え直す必要があるのではないか。われわれ人類は皆地球という空間を走る乗り物に乗って、未来へ運ばれているのだ。この乗り物をもっと大切にし、もっと乗り心地の良いものにしなければならない」。もはやSFではなく、現代においても地球という乗り物の持続可能性こそが最も切迫した課題となりつつある。

将来を長期トレンドで予測することにより、リスクを回避するとともに、新たな機会を発見すること、その対応を考えることは経営においても重要である。とりわけ、実際の予測において最も難しいのは、過去から現在へのトレンドを将来に延ばしただけでは描けない「断絶的で大きな変化」の起こる可能性だ。そのような変化が起こった場合、その影響は長期間にわたり、広範囲に及ぶ。予測すること自体ももちろん重要だが、より重要なことは、「断絶的で大きな変化」も含め将来のさまざまな可能性を踏まえて、いかに対処するかを考えることだ。

未来は常に不確実性を伴い、予測の対象が時間的に先であるほど、当然のことながら予測が当たらない確率は高まる。しかし多くの人は、およそ明日の天気予報から、時にはSF小説にまで当たることを期待する。英国のジョージ・オーウェルが一九四六年から一九四八年にかけて書いた「一九八四年」も、スタンリー・キューブリックとSF界の大御所アーサー・C・クラークによって一九六八年に映画化された「二〇〇一年宇宙の旅」も、決して作者たちは予測として作ったものではなく、未来への警鐘として作ったものであろうが、「その年」が近づくにつれて当たった当たらないの議論が起こった。企業経営にとって重要なことは、未来を予測する作業だけでなく、その先にある未来に備える構想であり、未来を自ら創造していく行動である。その難しさと重要性が今後ますます高まっていくことだけは容易に予測できる。

2 コロナ感染が示唆する機能不全

かつて米国ではインターネットの普及が加速した一九九五年を境にそれ以前をＢＩ（Before Internet）、以後をＡＩ（After Internet）と呼んだ。これはＢＣ（紀元前）、ＡＤ（紀元後）になぞらえ、その間の経済、社会などの歴史的差異を明確に認識しようとするものだった。コロナ感染の世界的拡大の各局面において、人類が直面する Geo-Challenges は相互に影響を与えながら既に極めて危機的な状況に到達していることが明らかとなった。格差や差別など水面下に潜んでいた課題も感染拡大という危機に対峙する中でより顕在化した。アフター・コロナ（ＡＣ：After Corona）の時代への展開は人類が直面する課題の本質への認識を共有し、企業、地域、社会の転換の動きを広げていくには絶好の機会でもある。ＳＤＧｓ、ＥＳＧ投資の拡大を追い風にして、何より「地球という空間を走る乗り物」（加藤秀俊）の同乗者として企業や個人の転換を大きなうねりにしていかなければならない。その際、コロナ感染への対応の経験を踏まえて前提とすべきことが三点ある。

第一は命を守ることが全てに優先することだ。利便性を我慢してでも、あるいは犠牲にしてでも守るべきは人の命ということだ。コロナ感染が拡大する中で世界の多くの人々が自らの命を守るために、一定期間ではあるにせよ、戦時下以外では極めて異例の仕事も娯楽も含めて外出を諦め、利便性の追求を自制するという貴重な経験をした。

第二はその守るべき命に格差があってはならないことだ。米国では新型コロナウイルス感染によって数十万人の人々が命を落としたが、人口当たりの黒人の死者数は白人の二倍以上だった。貧困によってまともな医療を受けられない人々が多いことに加え、介護施設職員、バス運転手、飲食店や小売店の店員など感染リスクが高い職業に就く比率も高い。外出禁止措置により多くの仕事が失われたことがさらに生活を厳しくした。人種による格差が経済格差につながり、コロナウイルス感染の拡大とともに命の格差を顕在化させることとなった。

第三はコロナ感染のような国境を越えた危機への対応においては、人類は国籍、民族、宗教などにかかわらず、地球という同じ惑星の共同体の中にいるということだ。情報共有や対応策の検討などにおいて各国間の協力や連携が不可欠であり、国際連携はすべての国の国益となる。換言すれば、経済的にも社会的にも相互依存が進展した現代においては、危機対応においても協力と連携が不可欠であり、自国の利害を優先に情報を秘匿するなどの行動をとっても最終的には国益を損なうことになる。コロナ感染だけでなく、温暖化問題などグローバルな課題は他にも山積している。今後も国際社会が緊密に連携し、解決に向けて知識と経験を自国内に囲い込むことなく、「国際共通資本」(Transnational Common Capital) としない限り解決が困難なのだ。コロナウイルス感染は人類にその必要性を再認識させる貴重な機会となった。

しかし、現実にはコロナウイルス感染の世界的拡大はグローバル社会が直面する危機であるにもかかわらず、近年の米中間の摩擦に象徴される自国中心主義、国内の経済格差拡大に伴う政治の内向化は、本来は危機への対応を主導すべき先進国にとって大きな障害となった。

コロナ感染は安全保障の概念も大きく変えようとしている。ヒト、モノ、カネの移動を国境を超えて可能な限り自由にする流れが広がる中で、多くの国は国内で不足するモノ、国外からの方がより安く調達できるモノに関しては、国外からの調達を拡大してきた。しかし危機に直面した各国政府は自国民の健康と安全を全てに優先する姿を鮮明にした。マスクや人工呼吸器など感染症への対応において死活的に重要であるにもかかわらず不足するモノをめぐっては国家間で激しい争奪戦が起こった。中国に生産が集中していたマスクは、中国国内で感染が広がり生産も滞る事態になると、日本も含め世界的に調達困難となった。東南アジアでは、卵や米の供給国が、都市封鎖(ロックダウン)の影響などにより事実上の輸出禁止措置をとったため、食料品をほぼ全量輸入に頼るシンガポールなどの消費国では一部の食料品の価格が急上昇した。

EUでも、近年ドイツなど中核国も含め、シリアや中東からの難民流入に反対するナショナリズムが高まる中で、感染者の流入を防ぐため多くの加盟国が一時的に国境管理を導入した。各国が国境管理を厳格化し、経済移民と政治難民、両方の受け入れを制限したことは各国のポピュリストには歓迎された。トランプ政権も「新型コロナウイルスの拡大を抑制するには、トランプ大統領が就任以来取り組んできた国境管理の強化が必要」と改めて強調した。

国家間の対立、移民や経済格差拡大による国内の対立などグローバリゼーションの負の側面が、新型コロナウイルスへの対応の中で別の形で顕在化したと考えるべきであろう。大国間の争いの歴史が再び繰り返され、「国家は国益を第一に考える」という現実主義的な外交政策が強まれば、感染前の潮流はさらに加速する。

3　ネクスト・パンデミックの可能性

COVID-19のようなパンデミックが次に襲ってくるのは、おそらく一〇〇年程度先であり、その頃には科学が進歩して人類はパンデミックと戦うより有効な手段を持っているだろう、と考えることは合理的とは言えない。次の感染症は、より深刻で遠くない将来に襲ってくるかもしれないからだ。一〇〇年前のスペイン風邪はCOVID-19をはるかに超えた近代における最悪の疫病災害だった。感染は一年以上の時間をかけて地球を二・五周し、多くの人々の命を奪った。死亡者数に関しては諸説あるが、仮に一億人だったとすれば、現代の人口比では四億人に相当する。

高齢者や何らかの疾患を持つ人を重篤な状態に追い込むＣＯＶＩＤ－19と異なり、スペイン風邪では一八歳から四〇歳までの健康な男女の死亡者が多かった。

一九七〇年以降に発生した新型感染症の約半数は野生動物由来とされ、その数も増加傾向にある。二〇〇三年にインド以東のアジア中心に感染が拡大したＳＡＲＳ、二〇一二年に中東地域中心に拡大したＭＥＲＳは、ともにユーラシア大陸に広く分布するコウモリ由来で、ＳＡＲＳはハクビシン（パームシベット）、ＭＥＲＳはラクダが中間宿主となり、変異して人間に感染したとされる。一九七六年に西アフリカのスーダンとコンゴ民主共和国で同時発生したエボラ出血熱もコウモリが保有していたウイルスが中間宿主を介して人間に感染したと考えられている。

グローバリゼーションの進展によって、世界的に経済成長が加速する中で野生動物の宝庫である熱帯雨林は森林伐採、ダム建設、鉱山開発、大規模農業など人間の様々な経済活動によって縮小を続けている。中南米、アフリカ、東南アジアなどの熱帯雨林には世界の動植物の四分の三以上が生息しており、生物多様性を支えている。熱帯雨林には今でも未知の生物が多数生息しており、人間が触れたことのないウイルスも多数存在している。それらの一部は野生動物を宿主としてその体内で生息している。

生物多様性の宝庫である世界の熱帯雨林は毎年、東京都の面積の二十五倍に相当する五二〇万ヘクタールずつ減少を続けている。その結果、野生動物を介してこれまで未接触であったウイルスが人間の体内に移ってくる機会は劇的に増加している。その中に、ＣＯＶＩＤ－19をはるかに超え、スペイン風邪のような高い致死性をもったウイルスが存在しても不思議ではない。

ＣＯＶＩＤ－19は、いずれワクチンや治療薬が開発されれば克服される。その意味で、ＡＣの時代は遠からずやってくるが、それは、ネクスト・パンデミックへの限られた準備期間ととらえるべきであろう。ＣＯＶＩＤ－19を一〇〇年に一度のパンデミックととらえるのではなく、より致死性が高く、強大な感染力をもつ新たなウイルスの襲来の前兆と捉えて、準備を急ぐことが合理的であろう。

パンデミックの危機を回避する本質的な途《みち》は、熱帯雨林の保全などにより生物多様性を保持し、人間とウイルスの生息する領域を分離して、不可侵の共生関係を築くことだ。しかし、その実現には現在の国際情勢の中ではなお時間を要するとすれば、当面はＣＯＶＩＤ－19の経験を踏まえて、次のより致死性の高いウイルスの襲来を想定した社会システムに転換することが急務だ。

4　Geo-Challengesへの挑戦

米国の仏教哲学者ジョアンナ・メイシー（Joanna Macy）は、著書『アクティブ・ホープ』の中で、極めて困難な危機的もしくは破壊的状況を前にした時、人には三つの対応のストーリーがあるとしている。第一は問題を無視するか、状況はそんなに悪くない、あるいは世の中はどこかで辻褄を合わせるしかない、と自分を納得させて今まで通りの経済活動や生活を続けることだ。第二は、状況は悪化しすぎた、もはや崩壊は止めようがない、と事態の悪化を追認し、諦めることである。第三は、ビジョンや勇気を持って、問題解決に向けて行動を始めることだ。

当然のことながら選択すべきは第三のストーリーだ。社会革新と技術革新を統合し、人々の連帯によって創造のエネルギーを結集すれば、「大転換」(The Great Turning)は可能と考える。BC(Before Corona)からAC(After Corona)への転換を人類が直面するGeo-Challengesの解決へ向けた協働と連帯に取り組む千載一遇の機会とし、「大転換」の実現につなげなければならない。最初は、社会の末端、一つの地域での変化であっても、人から人、社会から社会、地域から地域へと広がっていけば、いずれ臨界点を超えて「主流」となる。主役は政府ではなく、企業であり、個人だ。幸いにしてコロナウイルス感染の経験によって、これまで変えることが困難とされてきた人々の行動も、企業活動も、状況次第で変えられることが明らかとなった。

ウイルス感染拡大の経験の中で、国際社会は別の貴重な経験をした。温暖化対策の国際枠組みパリ協定の掲げる二〇二〇年から三〇年まで排出量を年平均七・六%減少させる目標は、達成が極めて困難とみられてきたが、新型コロナの影響で二〇二〇年の削減率は年八%になる見通しだ。経済活動が元にもどれば排出量は当然増えるであろうが、この削減率を続ければ達成可能という水準を経験することはできた。この経験によって、企業の環境への取り組みを重視する欧米の機関投資家を中心に、パリ協定の達成に向けた圧力が一段と高まりつつある。

新型コロナウイルス自体はいずれ克服されるが、より重要なことは危機の経験を踏まえ、現状を再確認した上で、社会システムの機能している部分を温存し、機能不全に陥っている部分を大胆に変えていくことだ。現在の社会を見渡せば、明らかに機能不全に陥っているにもかかわらず、永遠に変わらない日常であるかのように固定化してきた制度、仕組み、慣習、システムなどが数多く存在する。それらの多くは二〇世紀型の資本主義の中で形成されたものであり、決して変えられないものではない。市民社会の原点に立ち返ってあるべき社会を再確認し、矜持をもって進むことが必要なのだ。

第11章　米中並立時代の国際秩序

1　経済発展と民主主義

現代の世界において、自由と民主主義は圧倒的に多くの国で共有されている価値観である。一国のリーダーで、この共通の価値観を時に犠牲にしてきたにもかかわらず、世界から尊敬を集めた政治家がいる。二〇一五年に九一歳で亡くなったシンガポールの元首相リー・クアンユーである。英国のキャメロン元首相は「現代世界で最高の政治家」、フランスのオランド前大統領は「先見性に満ち、目覚ましい発展を実現した指導者」、米国のクリントン元大統領は「東南アジアの全ての人々の生活を向上させ、生活を豊かにするのに大変な貢献」、とその業績を称賛している。

世界経済の成長エンジンと呼ばれて久しいアジアだが、個別に見れば先進国の経済水準に到達する前に、既に労働力人口の減少が始まった国もある。国内の政治対立によって、本来進めるべき政策がなかなか実現しない国もある。そうした中で、シンガポールは一人当たりＧＤＰで日本をはるかに超え、アジアの中で群を抜く繁栄を実現している。

政治家リー・クアンユーの評価を語る際には、五〇数年前のシンガポールの建国まで立ち返る必要がある。当時からの彼の発言を追っていくと、政治家というより、むしろ経営者のような徹底した合理主義を感じさせる。

第二次大戦後の一九五七年、ともにかつて英国の植民地であった隣国マレーシアが英国から独立し、シンガポールは翌一九五六年に英連邦内の自治州となった。そして、一九五九年の自治政府選出のための総選挙で、当時結党わずか五年で現在もシンガポールの第一党である人民行動党（ＰＡＰ：People's Action Party）が圧勝し、リー・クアンユーは三五歳の若さで首相に就任した。水も食糧もマレーシアに依存しなければならないシンガポールの単独での存続は困難と考えたリーは、一九六三年にマレーシアとの合併を実現する。しかしわずか二年後の一九六五年には、マレーシア中央政府とシンガポール州政府の対立、マレー人と華人の対立が抜き差しならない状況となり、マレーシア連邦から追い出される形で独立を強いられる。

独立時のシンガポールは、水、食糧に加え日用品の大半を依存するマレーシアとの関係が一触即発の緊張状態にあり、もうひとつの隣国インドネシアのスカルノ大統領は一九六三年からシンガポールとの貿易禁止を続けていた。建国とともに存亡の危機に直面する中で、リーとＰＡＰが掲げたスローガンは「生存のための政治」だった。リーは「発展のためには民主主義よりも規律が必要」と国民に訴える。「政府は国家の生存のために悪魔とでも貿易して国民の生活を守らなくてはならない」、それが当時の現実だったのであろう。

一九六〇年代後半以降、リーとＰＡＰはシンガポールがひとつの企業体であるかのような徹底したプラグマティズムに立って経済発展の途《みち》を突き進んでいった。その過程においては、国民の権利、労働者の権利よりも経済発展の条件整備、外国企業誘致のための環境整備が優先されることも頻繁にあった。

プラグマティズムの基盤は、限られた人的資源を最大限に活かすためのエリート教育だった。リー自身もシンガポールの知識階層出身で、若き日に英国ケンブリッジ大学へ留学しているが、ＰＡＰの幹部や政府機関で働く官僚のほとんどは、小学校から始まる選別を勝ち抜き、大統領特別奨学金などによる欧米一流大学への留学を経験したエリートたちで占められている。「二流、三流の人々が残り、一流の人たちが出て行って政府に対抗するのではいけない。それは国家運営の方法としては愚かなやり方」、という考えがその基盤となっていた。

一方で、リーはエリートである国家の指導層に高い倫理性を求めた。これは多くの発展途上国と決定的に異なるところであり、長年国民の権利が制限されてきたにもかかわらず、社会の安定が保たれた大きな理由でもある。リーは首相就任時に兄弟を呼んで、「家族から首相がでれば、何か特権やもうけを期待するかもしれない。しかし絶対にそんなことはない。これからは兄弟だと思うな」と語ったという。一方で、「私はシンガポールを代表しているのだから、国民を欺いた人間はぶちのめす」として、汚職行為調査局に強力な権限を与えた。

一九九〇年に首相を退いた後も上級相、顧問相として残り、さらに二〇〇四年にはリーの長男のリー・シェンロンが第三代首相に就任する。「リー王朝」、「明るい北朝鮮」などの揶揄する言葉には一切耳を貸さず、「必要だから」「優秀だから」その地位にいるのだという主張を貫いた。長男もまた選別を勝ち抜き、ケンブリッジ大学、ハーバード大学で学んだトップエリートであるからだ。シンガポールの新たな観光シンボルとなったマリーナベイ・サンズ、その地下には単独では世界最大のカジノがある。カジノ建設を推進しようとした息子率いる政府に対し、顧問相だった父は当初反対したとされる。しかし、最後は息子とその同世代のエリートたちが構成する政府の判断を尊重した。

先進国となり、安定と繁栄を手に入れたシンガポールでは、建国時のような存亡の危機はもはや歴史の中の事象となり、国民の要求は多様化、細分化している。二〇一一年の総選挙でPAPは史上最低となる八一議席に落ち込み、野党が六議席を獲得、結果を受けて、リーは全ての役職を退任して、政界から引退した。この選挙では、シンガポールのメインストリートであるオーチャードロードが豪雨の際に一部で水があふれたことが選挙結果に影響したとも伝えられている。国民の期待はもはや「生存のための政治」ではなかった。

「民主主義は最悪の政治形態である。これまで試されたすべての形態を別にすれば」、とは英国の元首相チャーチルの言葉だ。民主主義は、より幅広い層が参加して議論する政治形態に進化するほど、時間とコストがかかる。民主主義が経済的な豊かさを保証するものでもない。シンガポールは民主主義の国インドから、多数の出稼ぎ労働者を受け入れている。

民主主義と経済的繁栄が両立する国は、日本を含む西側先進国を除けば決して多くはない。経済発展とともに民主化が進展することを期待する米国の「関与政策」の前提も崩れつつある。自由と民主主義は人間の尊厳に関わる重要な価値であることは疑いないが、これまでの歴史を振り返れば、民主主義国家であれば経済発展するわけでも、経済発展すれば必然的に民主化が進むわけでもない。共産党一党支配のもとで社会主義「市場」経済という根本的矛盾を抱えた体制によって、世界第二の経済大国まで到達した中国の現実に対して、かつてのソ連のように体制の内部崩壊を期待することはもはや現実的ではない。現体制の中国の存在を前提としつつ、その軍事的・経済的拡張主義、支配主義を転換させ、国際協調主義に軟着陸させることに新たな国際秩序の核心があると考えるべきであろう。

2 コロナ後も続く覇権国の地位をめぐる対立

コロナ後の世界においても、それ以前から続くグローバルな潮流が大きく変化すると考える要因は少ない。

最大の理由は、米国に世界のリーダーシップを取る意思が希薄化していることだ。オバマ前大統領の時代から、米国本土から遥か遠く離れた地域での戦争や紛争への介入に国民は疑問を感じていたため、政府はアフガニスタンや中東からの撤退時期を探っていた。トランプ政権になってからはシリアでの軍事プレゼンスを放棄し、アフガニスタンからの段階的撤退も進めている。トランプ政権の自国第一主義の内向的政策の影響もあり、かつては各分野で世界の理想と模範を体現してきた米国モデルの魅力も低下している。コロナ感染への対応においてもスピード感と一貫性が明らかに欠如し、世界で最も多い感染者と死者を出すこととなった米国には、諸外国の期待も少なかった。今やパンデミックに限らず、温暖化への対応、核拡散防止、難民問題への対応など、たとえ米国が今も圧倒的な力を持つ覇権国であったとしても、単独では解決困難なグローバルな課題が山積している。米国でも、欧州の主要国でも国民の関心は明らかに国内を向いている。仮にジョセフ・バイデン前副大統領が大統領選に勝利したとしても、米国が再びリーダーシップを取って国際社会で役割を拡大することを今は米国の国民も議会も求めないであろう。

もう一つの理由は、中国の共産党一統支配に変化が起こる可能性は低く、覇権国の地位をめぐって体制の異なる米国と中国が対立する現在の地政学的構図が近い将来において変わることも考えられないことだ。中国に対して軍事だけでなく、経済、通商も含めた包括的優位を維持しようとする米国は、コロナ感染拡大初期における中国政府の情報秘匿などへの不信を強めている。議会においても、緊急時に不可欠な物品も中国に依存していたことへの反省を踏まえて、中国脅威論がさらに高まっていくであろう。

中国も軍事力強化を継続しつつ、米国依存を低下させるための技術力、経済力の向上に注力し、国際的な影響力を高める行動を続けていくはずだ。

3 米中対立を前提とした国際秩序

今後の国際秩序を考えるにあたっては、米国と中国という国家体制や基盤とする理念が全く異なる二つの超大国が、今後数十年、経済力、軍事力において他の世界の国々に対して圧倒的優位を維持することを前提とする必要がある。強制的技術移転の撤廃、国有企業への補助金廃止、先端産業で支配的優位を得るための産業政策の転換、外国企業への市場開放など米国の中国に対する一連の要求は、国家による管理を基本とする「社会主義」市場経済から「自由主義」市場経済への転換を迫るものだ。市場機能は手段として活用するものの、あくまで共産党の指導のもとで経済を発展させることが「社会主義」市場経済の原点であり、経済発展による人民の生活向上が中国社会の安定を支えている。経済を管理する手段を手放せば共産党一党支配の権力基盤が揺るぎかねない。したがって、米国がいくら威嚇しても、共産党指導部が「社会主義」市場経済を「自由主義」市場経済へ転換させることはない。

国力は接近しながら、交わることのない体制にある二つの超大国が並立するという歴史上類のない状況を前提に、国際社会は安定と秩序を取り戻す挑戦を続けなければならない。そこには複数の困難な課題が待ち受けている。

4　民主的統治の再構築

歴史を振り返れば、国際秩序は超大国の体制を強く反映してきた。中国が引き続き超大国として影響を高めていくとすれば、世界秩序も権威主義へ傾斜していくことになる。権威主義的な「国家資本主義」とデジタル監視体制の組み合わさった体制は、独裁的な政治体制を続ける新興国の指導者にとっては、魅力的な選択肢に見えるかもしれない。そのような国は中国との外交関係を深めるだけでなく、資金援助も受け入れて社会インフラを構築し、国内の統治のために中国製の監視システムも受け入れるであろう。

米中の経済、技術、安全保障をめぐる競争と対立の中で、民主的統治が劣化し、衰退すれば、現在の覇権国である米国のみならず、これまで自由と民主主義に価値を置いてきた国にとっても、存立基盤に関わる重要な問題となるはずだ。民主的統治を基盤とする国の政府は、市民の自由を保障した統治を行い、他の国の立場も尊重してきた。日本を含めそれらの国は米国と価値を共有し、経済でも安全保障でも良きパートナーとしての基盤を持っていた。米国とその同盟国が、今後のデジタル社会においても民主的統治の透明性と信頼を高め、自由と民主主義が持つ本来の価値の魅力を高めていけば、政治体制が異なる中国と並存していくに際してもより優位な立場を確立できる。中国の国際社会におけるプレゼンスが高まるなか、米国はかつての冷戦時代のような二国間の対立軸の中で状況を認識し、対応を判断するドグマに陥るべきではない。中国の「一帯一路」構想に関しても米国と同盟国は、中国に対抗するのではなく、連携と協力によって新興国の発展に貢献する立場でインフラ建設などの支援に関与すべきであろう。多国間の協力による透明で民主的なスキームを内側から形成していくことが重要だ。

民主主義を基盤とした秩序を維持するためには、今後のデジタル化の加速も踏まえて民主的統治に不可欠な価値を再確認する必要がある。とりわけ市民社会の基盤としての透明性と信頼、そのための説明責任、メディアの独立性、情報の自由な受発信などの価値を再定義することが重要だ。これらを組み合わせれば、民主主義が後退するリスクを抑え、新興国の民主化と生活向上を両立させ、中国の影響力が一方的に高まる事態を抑制することができる。

5　同盟の再構築

今後一〇年以上の時間軸で見れば、米国が単独で中国と対峙することは困難との認識に立って、米中関係を二国間問題とせず同盟関係や国際機関の規律のなかに再度位置づけなければならない。中国が「一帯一路」によって対外的な影響力を高め、トランプ政権が西側同盟関係を弛緩させた結果、「米国」対「中国＋アルファ」の構図が強まっている現状を、「米国＋アルファ」対「中国」の構図に転換させることが不可欠だ。その意味で米国も日本を含む同盟国も、同盟関係とは削減すべき「コスト」ではなく、投資すべき「資産」とする認識に立ち返らなければならない。中国と競争する上での米国の最大の強みは同盟関係にある。同盟国とのパートナーシップに立てば、広い領域で中国の選択に影響を与えることができる。

共産党一党支配の中国の体制が見通せる限りの将来においても維持されることを前提に、その中国と並存するためには、米国と同盟国との協調によって抑止力を強化し、より公平で相互主義的な貿易システムを確立し、中国がグローバルな課題に対してより責任ある対応を担うよう先導することが不可欠だ。米国の市民、企業はもちろんのこと、日本など同盟国の政府、企業、市民も、たとえ米国が単独の覇権国ではなくとも、今後も覇権国の一つとして存在することへの期待とその条件を訴えていく必要がある。

今後米国の同盟国である日本や欧州の国々は社会構造においては成熟化が進展する。これまでも先進国における人口増加のほとんどは米国によるものだった。米国の人口は今後も二〇四〇年頃までは世界人口の成長率をわずかながら上回る。米国は半世紀以上にわたって先進国への移民全体のほぼ半分を受け入れ、出生率も高かった。米国の人口増のほとんどは、移民とその子孫たちによるものであり、その結果、先進国の中で唯一人口置換水準を満たし、死亡する人より誕生する人の方が多い出生率を維持してきた。生産年齢人口も拡大を続けている。しかし、トランプ政権は米国の成長の基盤となってきた移民の受け入れまでも抑制しようとしている。二〇一四年以降は米国でも過去一〇〇年で初めて平均余命がわずかながら減少に転じている。経済が停滞している州などで、鎮痛薬オピオイドを中心とした薬物の過剰摂取による中毒死が増加していることが一因とされる。特に二〇〜五〇歳代の労働力の中心となる層で薬物中毒死が増えている。自殺、麻薬の過剰摂取、アルコール依存症の合併症なども増加が続いている。

米国の伝統的な同盟国であるEUと日本は、教育水準が高く、生産性も高い労働力を有するが、出生率はともに人口置換水準を下回っている。同盟国が人口減少、生産年連人口の減少、経済の低成長により、国際社会における影響力の低下が続くとすれば、価値観を共有できる新たなメンバーを加えることが不可欠だ。

今後の世界経済の成長の中核となるのはアジアであり、アジアにおいて潜在力の高いパートナーを増やすこと、少なくとも中国に過度に依存する国を作らないことが極めて重要だ。インドネシアの人口は現在約二億六千万人だが、二〇四〇年までに人口は三億人を超える可能性が高い。フィリピンの人口も二〇四〇年には一億四千万人に達する。二つの国は人口構成も若く、教育水準も上昇しつつある。二〇一五年の段階で中国の二〇-三九歳の人口は、インドネシアとフィリピンの合計のほぼ四倍だったが、二〇四〇年には両国の合計の二倍へと人口ギャップは縮小する。インドネシアとフィリピンは南シナ海を中心とした海洋で拡大主義を顕わにする中国への懸念を強め、安全保障における協調への関心を高めていくはずだ。

新たなパートナーの候補として圧倒的な潜在力を有するのはインドだ。インドは今後一〇年前後で中国に代わって世界最大の人口国となり、二〇四〇年までには生産年齢人口が中国よりも二億人多くなる、その頃には中国の人口は減少に転じており、六五歳以上の構成比が二四%に達しているのに対し、インドは人口増加が続き、高齢者の比率も一二%程度に留まる。

インドは外交、経済両面で大きな賭けに出ている。インドはこれまでも中国との間で国境紛争を抱え、毎年のように武力衝突を繰り返してきた。一方でインド経済は、貿易、投資両面で中国に大きく依存している。これまで、インド政府は、中国の「一帯一路」には反対しつつ、国内のインフラ建設のために中国が主導するＡＩＩＢ（アジアインフラ投資銀行）からの融資は受け入れるなど、中国との関係を巧みに使い分けてきた。そのインドが国家安全保障とプライバシー確保への懸念を理由に中国のＩＴサービスを全面的に禁止する措置をとった。同時に電機製品などの対中関税を大幅に引き上げた。

モディ政権は、二〇一四年から国内の製造業振興策「Make in India」を推進しているが、関税引き上げによって中国製品を排除し、国産化を進めれば、かつての高コスト経済に逆戻りし、再び経済が停滞するリスクがある。インド経済の潜在成長力が高いことは疑いないが、インドの就労者五億人のうち、約四四%は未だ農業従事者であり、非農業従事者の約八五%は、契約も社会保障もない非正規雇用だ。コロナ感染拡大に伴うロックダウンで非正規労働者の約一億人超が職を失った。インド経済の基盤は未だ脆弱なままだ。日米欧からのインドへの投資拡大やインフラ整備への支援によって経済関係を強め、インドを自由と民主主義の同盟の中で経済発展させることは世界経済にとっても大きな意義がある。

米国と中国が超大国として並立する時代においても、今後の国際秩序や国際ルールの構築をすべて委ねることは、世界にとってあまりにリスクが大きい。超大国ではないが、一定の国際的影響力を持つ「ミドルパワー」と呼ばれる国々が、米中の暴走を抑え、安定的な国際秩序や公正なルールづくりの環境整備を担うことは極めて重要だ。オーストラリア、カナダ、欧州主要国などの先進国の「ミドルパワー」とインドなど新興「ミドルパワー」の利害を調整し、米中に対しても影響力を保持することは、日本の重要な役回りとなろう。

6　国際機関の再構築

世界銀行やＩＭＦ（国際通貨基金）など、一九四四年のブレトンウッズ会議で誕生した国際機関は、「グローバルな市場経済」と「国家主権」の間の緊張関係を緩和し、安定させる役割を果たしてきた。市場の急激な変動や危機が発生した際には、各国が適応できるように融資や援助を提供してきた。戦後米国が西側諸国の復興支援のために実施したマーシャルプランによる援助は、その先駆けだった。参加国に経済を国際貿易に開放することを条件に援助を提供した結果、輸入された安価な商品を購入できる消費者とグローバル市場にアクセスできる輸出志向の企業との間にリベラルな政治的連帯が生まれた。ブレトンウッズ体制と同様に、WTO（世界貿易機関）など戦後構築されたシステムは、国際機関が国家にとって代わるのではなく、国家と協調しつつ、各国が政策においては独立性を行使できるように設計されている。

世界一六四の国と地域が加盟しているWTOは、全会一致を原則としてきたため、これまでも先進国と途上国の立場の違いが常に新たなルールメイクの障害となってきた。とりわけ既に世界第二の経済大国であるにもかかわらず、途上国としての立場をとり続ける中国に対しては、WTOのルールメイクのプロセスを通じて産業補助金のルール強化や強制的技術移転の禁止を認めさせることはほぼ不可能に近い。したがって、米中交渉のような大国間の直接交渉は不可避だったとも言える。一方で、これまでも二国間交渉の成果や「環太平洋パートナーシップ協定」（TPP：Trans-Pacific Partnership Agreement）のような先進的な自由貿易協定の成果が時間を経て国際ルールに昇華してきたことも事実だ。自由貿易による経済発展の果実を先進国、途上国にかかわらず世界全体で享受していくためには、WTOに体現される多国間貿易システムは、今後とも維持すべき最重要インフラでもある。

中国が通商や投資に関する国際ルールに違反した際には、事例を特定した上で、「米国＋アルファ」で、WTOに提訴することは、これまでも実績があり、有効性もあった。中国がWTOの判断に従ってきた事例は実際には驚くほど多い。WTO合意の明確な違反ではない場合でも、「米国＋アルファ」であれば不公正な貿易慣行として制裁を課すこともできる。圧力を最大化するためにも、米国が単独で行動を起こすのは、それ以外に選択肢がない場合に限定すべきであろう。WTOを時代に合致した形に改革したうえで、中国を国際ルールの枠組みの中に導く手段として活用することが不可欠だ。

米国が離脱した後に日本が主導してまとめた「環太平洋パートナーシップに関する包括的及び先進的な協定」(注1)(CPTPP)に参加することも米国にこそ最大のメリットがある。CPTPPに参加すれば、広い領域において、米国にとって好ましい貿易ルールを確立し、中国を経済改革へ向かわせる圧力とすることができる。米国の参加を忍耐強く促すことも日本にしかできない役回りである。

(注1)「環太平洋パートナーシップに関する包括的及び先進的な協定(CPTPP：Comprehensive and Progressive Agreement for Trans-Pacific Partnership)」とは、関税を大幅に引き下げ、貿易・投資の自由化を進めるとともに、公正な通商ルールの構築を目指すアジア太平洋地域における経済連携協定。環太平洋経済連携協定(TPP)から離脱した米国を除く日本、オーストラリア、ブルネイ、カナダ、チリ、マレーシア、メキシコ、ニュージーランド、ペルー、シンガポール、ベトナムの十一ヶ国が加盟

7　地球的価値の共有

中国経済の成長率も今後は徐々にスローダウンする。中国の生産年齢人口（一五歳から六四歳）は二〇一〇年をピークに既に減少が始まっている。中国の改革開放初期の一九八〇年は、全人口に占める生産年齢人口割合は五九％だったが、二〇一〇年には七四％まで上昇した。改革開放政策が始まってからの三〇年間は生産年齢人口が増加を続け、中国の経済成長を支えてきた。つまり改革開放以降の世代は、これまで一貫して生活水準の着実な上昇の中で生きてきたのだ。生活水準の向上が停滞すれば、政治への不満や反発が中間層中心に蓄積される。中間層の不満が体制への抗議活動として顕在化する可能性は低いが、大気や水の汚染、自然災害の増加、パンデミック対応も含めた公衆衛生など、命に関わる政策で信頼を保つことは共産党一党支配の国家体制にとっても死活問題のはずだ。

世界が直面する課題を踏まえれば、体制が異なっても米中が対立ではなく協力する必要性は、はるかに大きい。国家体制の異なる二つの超大国は、自由と民主主義などの価値を共有することはできないとしても、両国の指導者は地球的課題に向けた協力を譲歩とみなすのではなく、両国にとっても、世界にとっても必要不可欠の協創とみなすことが期待される。

相手国と競争するのか協調するのかという選択の根底にあるのは、突き詰めれば心理的な要因だ。競争または協調によって発生するコストと利益は相手国の選択によって左右される。どちらの戦略を取るかを決定する際には、相手国がどのような行動を取る可能性があるのかを見極める必要がある。米中を含む各国政府が、同盟国や友好国、対立関係にある国に何を期待しているのかについて経験に基づいて一定の分析と解釈が進めば、今後の世界の潮流が変化する可能性も出てくる。

現実にはトランプ政権も習近平指導部も未だ相互理解に苦しんでいる。新型コロナウイルスへの対応の中で、相互不信はさらに深まった。中国から見れば、現在のトランプ政権は台頭する中国の勢いを真っ正面から抑えにかかった最初の政権である。米国も「関与政策」が意味をなさず、国家資本主義路線を突き進む中国との折り合いを最終的にどこでつけるのか、明確な答えを見つけられないままだ。米中が対立したまま、経済、産業のデカップリングを進めれば、米国、中国だけでなく、世界経済の成長力も低下する。

当然のことながら米中とも軍事衝突は望んでいないが、万が一にもそのような事態が起これば、両国だけでなく世界が壊滅的な影響を受ける。中国がアジアを中心に拡張的軍事行動を続ける現状を踏まえれば、偶発的軍事衝突のリスクはかつての冷戦時代よりも高い。台湾周辺や南シナ海での中国の挑発行為に対する米軍の対応能力を中国が読み誤れば、偶発的衝突が一気にエスカレートする可能性がある。習近平と軍指導部が自らの能力を過信し、米国の能力とアジアへの関与の決意を疑えば、誤算によって抑止状態が崩れ、米中間で直接的な紛争が起こる危険も十分ある。

そうした事態を回避するためには、米国がアジア地域においても中国の直接的軍事行動を圧倒する十分な能力を持ち、抑止を行動で示す決意もあることを中国の指導部に確信させることが不可欠だ。日本を含む同盟国とともに信頼できる抑止力の再構築を進めることが必要となる。

米中間で経済や通商での対立と緊張が続いても、偶発的な軍事衝突の発生リスクを最小化する環境を作らなければならないが、その作業を当事者である米国と中国だけに委ねるべきではない。アジアにおいて米中の軍事的緊張が高まれば、日米安保条約のもとで日本が「アウトサイダー」でいられる選択肢は存在しない。

オバマ政権の時代、クリントン国務長官のもとで米国はアジアへの「リバランス」政策をとることを公言していた。これは中東など他地域からのパワーシフトも含めたアジアでの軍事プレゼンス拡大だけでなく、アジア諸国との外交関係緊密化、アジアの国際機関への米国の関与拡大なども含めた包括的な安全保障戦略だった。しかし、現実には米軍のアジアでの展開規模は一〇年前と比べて大きな差異はない。トランプ政権となって、TPPからも離脱し、アジア地域フォーラム（APEC）、東アジアサミットなど地域の主要な外交フォーラムへの欠席も続いている。中国への抑止力は軍事だけでなく、経済、技術、さらには普遍性のある理念も含めた包括的なものでなければならない。米国がインド・太平洋地域における同盟国・パートナーとの関係を再構築し、将来にわたって地域に関与することを行動で示すこと、それを日本など同盟国が支えることによって、中国と対峙する「米国＋アルファ」を拡大することが不可欠だ。

相互理解が進展しないのは米中間だけではない。近年様々な摩擦が生じていた日中韓の三国だが、保健相による会議を二〇〇七年から毎年開いていた。二〇〇九年の新型インフルエンザなどの経験を踏まえて感染爆発を抑える方策についても議論してきた。二〇一九年には日中韓の政府間にホットラインを創設する方向でも合意した。しかし、今回の感染対応では日中韓の協力は全く機能しなかった。協力の枠組みが整っているにもかかわらず、機能しなかったのは、日韓関係悪化の影響により、国内の反発を意識して互いに協力や支援の対話をしにくい状況が大きく影響している。情報共有や相互支援によって各々の対策をより有機的に進めることができたはずだが、相互理解の意思と経験は明かに不足していた。

米中が対立関係を深め、経済や技術のディカップリングによって別の世界を構築することは両国だけでなく、国際社会にとっても経済成長とグローバル課題解決へ向けた潜在的な希望と欠くことのできない連携の機会を失うことにしかならない。今や、米中の協力なしには解決が困難な最も切迫した課題は間違いなく地球温暖化への対応だ。通商や技術での対立を残したままでも国家の安全保障を超えた地球という惑星の安全保障の視座に立った協力を世界は求めており、日本を含めた同盟国はそれを促す大きな責任がある。

第12章　自律・分散・レジリエンス

1　コロナ後の「ブラックスワン」と「ブラックエレファント」

二〇〇八年の金融危機以降、「ブラックスワン」、すなわち、事前の予測が困難で、発生すれば極めて大きな影響を及ぼす事象に対しても備えるべきとの議論が広がった。コロナウイルス感染の世界的拡大により、世界はこうした極度の不確実性を伴う脅威を再び目の当たりにした。過去の発生確率に基づいて今後の発生可能性を計測することができるのが「リスク」、それができないのが「不確実性」とすれば、二十一世紀に入って世界全体に極めて大きな影響を及ぼす「不確実性」が高い（と考えられる）事象の発生頻度が高まっている。一方で、そもそも「リスク」と「不確実性」の境界はどこにあるのかも問い直されるべきであろう。「不確実性」が高いとされる事象は本当に不確実なのか、仮に現状はそうであったとしても「リスク」に変えることはできないのか。「ブラックスワン」ではなく本当は誰もが気づいている異常事態「ブラックエレファント」ではないのか、に関する検証が欠かせない。

（注1）「ブラックエレファント」は、いずれ大変なことになるとわかっているのに、誰も見て見ぬふりで、対処しようとしない脅威。“black swan”（ブラック・スワン、突如として出現する想定外の事態）と、“elephant in the room”（エレファント・イン・ザ・ルーム、誰もが気づく異常事態）をかけ合わせた語（出所：imidas　アメリカ新語）

2　複合化するリスク

温暖化によって気温が上昇するとともに地域によって雨量は増加したり減少したりと変化する。台風、熱波、干ばつ、洪水などの異常気象も、頻度と強度が増す。これまでは北極や南極の氷や雪の表面が太陽の放射を地球の外へ反射していたが、氷河が溶け出すとともに急激に熱として蓄積される割合が高まり、海面の温度が上昇する。そのため、海面からの上昇気流が発生しやすくなり、超大型の台風やハリケーンが頻繁に発生する。

温暖化による気温上昇によってウイルスの媒介動物の分布域が拡大し、感染力も増大する。エルニーニョ現象によって海水温が上昇した年には多数のコレラ患者が発生するなど、古くからの感染症が温暖化により再流行する傾向も見られる。

今後は感染症の拡大と毎年のように繰り返される巨大ハリケーン、台風、山火事などの自然災害が重なることも想定しておかなければならない。米国では破壊的なハリケーンを想定した住宅建築の見直し、山火事の拡散を想定したエネルギーグリッドの見直しなどの検討が始まっている。

日本では、今後三〇年以内にマグニチュード七クラスで発生確率七〇%とされる首都直下型地震、発生確率七〇~八〇%とされる南海トラフ地震と感染症の流行が重なる複合災害も想定しないわけにはいかないであろう。感染症だけであれば自宅での外出自粛で対応可能だが、巨大地震で予想される大規模な住宅の倒壊、火災による焼失、インフラの途絶に際しては、大量の避難者、在宅困難者のために物理的距離を確保した避難場所を多数確保する必要がある。安全確保を前提に、通常の災害で避難所とする学校などの公共施設だけでなく、民間企業の建物、商業施設、イベント施設なども事前に準備しておく必要があろう。

3　異次元の財政・金融政策

新型コロナウイルスという危機の「制圧」と経済や社会生活の「復興」のため、各国は糸目をつけない財政出動に打って出た。経済活動が一斉に停止する状態が続く中では、雇用を維持し、企業の倒産を防ぐことは最優先課題であり、財政支出による対策は不可避だ。しかし日本も含め既に巨額に膨れ上がっている先進国の財政負担が一段と膨らむことも確実だ。

米国の新型コロナ対策の財政支出は合計二兆九千億ドル（約三二五兆円）規模に達した。リーマンショック時の約二倍、GDP比約一四％、通常の年間歳出額の約四割に相当する巨額の臨時支出となった。金融面でもFRBは三月と四月前半に二兆ドルを超える流動性を経済に注入したが、これはリーマン・ブラザース倒産後の六週間で行った介入のほぼ二倍に相当する規模だった。FRBはリスクの高いジャンク債を含む社債を購入し、財務省とも協力して中小企業が融資を受けられるよう促す異例の対応をとった。金融システムを支える最後の貸手としての役割を超えて事実上中小企業への最後の貸し手の役割まで担うこととなった。

日米欧の中央銀行は従来は禁じ手とされてきた財政ファイナンス、すなわち中央銀行による政府への財政資金供給にまで実質的に踏み込んでいる。財政赤字を国債発行で埋め合わせ、その国債を中央銀行が量的緩和の一環として市場から購入する。中央銀行による購入のおかげで、政府が支払う国債の金利は抑え込まれる。市場を介してとはいえ、中央銀行に財務省が国債を売る構図によって、金融と財政の境界はもはや曖昧となった。

日本も今回のコロナ対策で二度の補正予算を編成し、総額五七・六兆円という異例の財政支出を決めた。当初予算の歳出一〇二・六兆円と合わせれば、歳出総額は一六〇兆円を超える。近年大規模自然災害が毎年のように発生する中で、今後も復興に巨額の財政支出が必要となる事態が続けば復興予算による予算全体の硬直化が進んでいく。日本は既に二〇一一年に発生した東日本大震災からの復興財源として一〇・五兆円を所得税、住民税、法人税に上乗せする形で徴収してきた。所得税の二・五％上乗せは二〇三七年まで続く。さらに近年毎年のように発生している大規模災害への対応により、防災関連予算の多くは災害からの復旧・復興に充てられており、将来に向けた被害防止や国土保全のための支出は、極めて限定的となっている。今後も毎年のように自然災害が続くことが予想されるが、とりわけ、首都直下地震、南海トラフ地震などが実際に発生した場合は、東日本大震災をはるかに上回る復興負担が加わる。国家機能を維持し、被害額を最小化することにより、復興財源を確保することが不可欠だ。

日本の財政におけるプライマリー・バランスの回復は見通せる将来においてはもはや困難となった。それでも現在のような低インフレ、ゼロ近傍の金利、量的緩和が続く間は、安上がりの財政赤字を続けることができる。多少なりともインフレに移行してゼロ金利の維持が困難となっても、名目ＧＤＰ成長率（実質成長率＋インフレ率）を高め、債務の支払い（の名目ＧＤＰ比率）を上回る状態に保てば成長を通じて債務の管理は可能だ。問題はコロナ感染終息後にどこまで従来の需要が戻り、新たな需要が創造され、経済の成長力を取り戻すことができるかだ。

一方、予想外の物価高騰が起こり、名目ＧＤＰの伸び率よりも高い水準へ金利を引き上げざるを得なくなった場合は債務の管理が困難となる可能性がある。急激な物価の高騰は消費者の購買力を奪い、将来の物価を反映する長期金利は実際のインフレに先行して上昇するため、投資家は長期国債の暴落による損失に翻弄される。財政破綻は免れたとしても、消費者や投資家の多大な犠牲と引き換えに、価値が大幅に低下した紙幣によって国債が返済されるシナリオが現実味を帯びる。

4 ジャパンリスク

海外のシンクタンクの研究者や投資家との会話の中で頻繁に聞くのが「ジャパンリスク」という言葉だ。不思議なことに日本国内でこの言葉を聞くことはまれだ。

日本の置かれた状況をグローバルな視座に立って相対化して観ることも、今後の企業経営においては欠かせない。日本は世界で最も地政学的リスクの高い極東地域に位置している。いつ暴発するかわからない北朝鮮と隣接し、軍事的拡張主義を続ける中国と領土問題を抱えている。中国が軍事力で台湾統合に踏み出せば、日本の国土とそこに駐留する米軍の基地に対して軍事的脅威が及ぶことは避けられない。

東日本大震災後の原発事故の際はぎりぎりのところで首都圏の放射能汚染は回避されたが、その後も政治、経済など国家の主要機能が東京に集中する状況は変わっていない。予想される首都直下地震が発生すれば、国家の中枢機能が機能不全に陥るかもしれない。近年の自然災害の増加、コロナウイルス感染などに伴い、財政負担が増加する中で、首都直下地震が発生した場合には、財政破綻の引き金となる可能性もある。

日本の外から日本という国を冷静に観れば、日本に事業の中枢機能を置く企業は、「ジャパンリスク」への備えが欠かせないということになる。

5　コロナ感染後の都市

「ジャパンリスク」は放置すればいつか顕在化するが、ビジョンや勇気を持って取り組めばリスクの緩和もできるはずだ。

新型コロナウイルスは人や企業が集中する大都市を中心に猛威を振るった。現状のまま首都直下型地震が発生すれば、多数の犠牲者が発生するだけでなく、政府や経済の中枢に機能不全が発生するリスクもある。首都が壊滅的損害を受ければ、復興に向けた経済力も失われる。それはもはや国家の存亡に関わる事態だ。東京一極集中から分散型社会への転換はコロナ以前から待ったなしだったのだが、その実現性が十分あることをコロナ感染に対応したテレワーク等の経験が示している。

そもそも東京やニューヨークのような巨大都市への集中は必然なのだろうか。二〇世紀の都市は、近代的都市計画の理念に基づいて形成されてきた。その昇華点となったのが、モダニズムの建築家、ル・コルビュジエ（Le Corbusier）が提唱した理想都市の構想「輝く都市」（La Ville Radieuse）

である。「輝く都市」の理念は、都市を合理的精神に基づいて最大限に機能化された幾何学的美しさを有するものと想定する。ル・コルビュジエは、人口過密で環境が悪化したそれまでの近代都市を批判し、公園などオープン・スペースを確保しつつ多くの高層ビルを建設し、街路を整備して車道と歩道を分離することによって、都市問題の解決を図ることを提唱した。都市のレイアウトは幾何学的な直線、もしくは曲線を持ち、幅の広い自動車道路が隅々まで行き渡って、すべての建物や施設に自動車で直線的に到達できる。

ル・コルビュジエの「輝く都市」には、機能的な美しさはあっても、人々が人間らしく生き生きと生活し、交流し、文化を形成していく場としての姿は見えない。人々を効率よく集め、働かせるための高層ビルという大箱が建設され、その中はオフィスという小箱に区切られる。交通手段として自動車を最大限活用し、道路整備の不足などそのための障害を取り除く。「輝く都市」が体現する二〇世紀型の都市は、経済発展のための効率や機能を重視し、生活者としての人間を位置づける視座が明らかに欠如していた。人間が自由に働くのではなく、ビルという巨大な箱で同じ時間帯に多数の人間が集まって働くために、大量輸送の交通システムが用意され、ほぼ一定の時間に大量の人間を詰め込んで輸送することが必要となる。

そもそも、決まった時間、決まった場所に集まって働くことが効率的という考え方が定着し、オフィスという概念が生まれたのは、今から約三〇〇年前の産業革命期のイギリスにおいてだった。世界最初のオフィスビルは一七二九年にロンドンで竣工した東インド会社の建物とされる。アジアとの貿易に関連する書類や手紙の作成、情報の集約を一つの建物で行うことが効率的で、迅速な意思決定もできると考えられた。一方、日本初のオフィスビルはそれより一五〇年以上後の一八九四年（明治二七年）に竣工した東京丸の内の「三菱一号館」とされる。都市のオフィスビルに集まって働くというワークスタイルは大量の事務処理を人間が集まってこなす二十世紀型の産業社会の名残であり、コロナ感染の有無にかかわらず、ワークスタイルは転換の時をむかえている。

集まって働くことが効率的で成果を最大化するという前提を取り払えば、全く異なる都市を構想することができる。ル・コルビュジエの機能と効率重視の都市理念に対して、人間重視の都市再生を提起したのが米国の女性作家ジェイン・ジェイコブズ（Jane Butzner Jacobs）だった。ジェイコブズは一九六一年に著した「アメリカ大都市の生と死」において、米国の大都市が自動車中心となり人間不在になっているとの懸念に立って、都市が多様性を持つための四つの条件を提起している。

第一に都市の各地区は二つ以上の機能を持つことだ。特定機能に特化するゾーニングの考え方を否定し、人々が異なる時間帯に異なる目的で訪れ、滞在することを促す。第二に街路は短く、角を曲がる機会が多い方が望ましい。人々の生活から自然発生的に形成された街路は長く、幅が広くなるはずで、直線的にはならない。第三に各地区は年代が異なる様々な建物が混在していなければならない。とりわけ古い建物が適切な割合で存在することが望ましい。高い償却費を伴う新しい建物だけでは自由な発想は生まれない。第四は各地区は人口密度が適度に高くなるように計画されなければならない。

ジェイコブズの思想はクルマ中心の都市像を超えて新たな人間中心の都市を構想する際の視座を提供しており、二〇世紀後半の都市計画の思想にも大きな影響を与えた。一方で、現実に存在する米国の大都市を前にして実現可能性が低いとの批判も受けた。

6　人間中心の都市への視座

コロナ感染がもたらした都市の機能停止やニューノーマルと呼ばれる新たな生活様式を起点に人間中心の都市の姿を展望する際にも、ジェイコブズの四つの条件は重要な視座を提供している。

新型コロナウイルスは、人や企業が集積する大都市を中心に猛威をふるい、死亡者も都市に偏在した。COVID-19というウイルス感染はいずれ終息するが、将来にわたって感染症の蔓延するリスクが消えるわけではない。むしろ今後より致死性の高い別のウイルスが襲ってくることを想定すれば、現代都市のパンデミックへの脆弱性は大きな課題だ。一方で、人々が出会い、経済と文化が躍動する都市のダイナミズムは今後も欠かすことができない。

コロナウイルスは閉鎖された環境に集まっている人々の中で感染クラスターを形成し、一気に広がっていった。しかし、その状況は都市の必然的な副産物ではない。都市は人々が「密集」

（density）する空間だが、「密集」と「過密」（overcrowding）は区別されなければならない。「密集」した都市で人よりクルマが優先され、クルマの利用を無制限に許容すれば道路や駐車場のスペースが拡大し、都市空間は分配の失敗によって、「過密」となる。多くの都市では渋滞をなくし、より多くのクルマを円滑に動かすことが重視され、人のために使える空間が制約されてきた。

人間主体に考えるならば、必要となるのは広い歩道、公園などのオープンスペース、手頃な価格の住宅、徒歩圏内にある豊かな自然環境などであろう。クルマの自動走行も含めた高水準の移動の利便性を確保した公共交通機関の充実とシェアリングの拡大により、クルマの所有とそれに伴う負債を負わずとも生活ができることを新たな都市の常識とすべきであろう。文明がいかに進歩しても人は歩くことが基本だ。もっと歩きやすく、自転車や今後登場する新たなパーソナル・モビリティシステムを利用しやすい空間にすることにより都市のレジリエンスを高めることも可能だ。適度な「密集」はあっても「過密」ではない都市への転換によって将来のパンデミックの脅威への耐性も高まる。

パリのアンヌ・イダルゴ市長は、二〇二四年までに誰もがクルマがなくても一五分で仕事、学校、買い物、公園、そしてあらゆる街の機能にアクセスできる都市を目指すことを市長選の選挙公約に掲げた。大気汚染や気候変動への対策として「自転車で十五分の街」という新たな都市計画を提案したのだ。パリは交通機関が発達した都市だが、老朽化したシステムや、ストライキによって電車は頻繁に遅れるため、多くの人がクルマで通勤している。パリで働く人の半数以上は通勤に四十五分を要しており、ある調査結果によれば、市民は給料を下げてでも、通勤時間を短くすることを望んでいた。パリは、二〇〇七年に「ヴェリブ」という自転車シェアリングの公共サービスを世界に先駆けて開始した。街のあちこちに自転車を借りるステーションが設置され、市民や観光客が気軽に借りて返せるシステムだ。短時間利用が無料ということも、発表当時は画期的だった。二〇一九年だけで、街のサイクリストの数は五四％増加したという。新型コロナウイルスの流行が始まってから、パリだけでなくフランスの大都市の多くでは自転車専用道路の設置が広がっている。

年間二千万人近くの観光客が訪れるパリでは、コロナ感染によるロックダウンの前から市民生活と観光業もせめぎ合っていた。パリでは、エアビーアンドビー（Airbnb）のような民泊仲介サイトの普及により、住宅や宿泊施設を観光客向け短期レンタルに使う方がより儲かるという理由で長期的な賃貸より優先され、市民の住居確保が阻害されることも問題となっている。

発表された計画では、自転車で十五分の街にするために、パリの大通りの中でも渋滞しがちな交差点を歩行者天国に変える。パリには八万三千の路上駐車スペースがあるが、そのうち六万を撤去し、公園や緑地、畑を敷設する。また、学校の近くの通りは、子どもの登下校時には一時的に車両走行禁止とし、公共サービスが受けられ住民が集まる場所にもなるコミュニティスペースを市内に設ける。「十五分の街」は、全ての住民が、徒歩や自転車での短時間の移動で必要なものを手に入れられる場所に住めるようにすることを意味している。

7　複合化によるレジリエンス向上

ウイルス感染の拡大だけでなく大規模災害などへの対応も含めた都市のレジリエンス（困難な状況からの復元力）を高め、それを平時における人間中心の新たな都市の実現につなげていくためには、複合化による都市の機能改革が重要となる。

そのためには第一に、働く場、学びの場としてのサイバー空間の位置づけを脇役から主役へ引き上げることだ。自然災害によって物理的損害を受け機能不全に陥るリスクの低いサイバー空間に必要な機能を揃え、企業内の機能をデジタルで完結させる。企業内外の全てのコミュニケーション、経営の意思決定とその伝達も含めた企業内及び企業外との全てのトランザクション（処理すべき事項）をデジタルで完結させるデジタル・ネイティブ企業（DNE：Digital Native Enterprise）の実現までデジタル技術を深化させ、磨き上げることが必要だ。同じ時間に、オフィスという同じ場所に集まって行われてきた作業は、AI活用などで自動化することよって最小化し、時間や場所の制約を超えた創造の場としてのサイバー空間の可能性を最大化する。出会い、協創、創造の場としての都市のオフィスは従来の「トランザクション・スペース」（作業処理空間）とは目的も機能も大きく異なる「多機能スペース」へと変貌していく。

大学についてもキャンパスに「通学」することを義務から外せば、学生は都会の住居コストの負担から解放される。学費以上に住居の確保など都会で生活するコストの負担が大きい現実を踏まえれば、経済格差によって学ぶ権利や将来の可能性が奪われることを防ぐためにも有効だ。時間や場所の制約を超えるサイバー空間のメリットを活かせば、学際あるいは大学の垣根を超えたクロスボーダーでの教育や研究の可能性も広がる。大量の学生を同じ時間に、同じ大教室に集合させ、片方向の知識の伝達が行われる効率重視のキャンパスの姿も、出会い、協創、創造の場としての新たな姿へと大きく転換する。

第二に、首都直下地震、南海トラフ地震が高い確率で予想される中では、政府・行政部門も抜本的なリスク分散を進める必要がある。首都直下地震や南海トラフ地震に対して備えるためには、東京に集中している政府機能、行政機能を他地域に分散させることを現実の課題として検討する必要がある。現在建設が進んでいるリニア中央新幹線が開通すれば、東京と名古屋間（二〇二七年開業予定）は約四十分、東京と大阪間（二〇三七年開業予定）は一時間七分で結ばれる。一時間以内の距離の地域に行政機能を分散させることは、国家機能が麻痺するリスクと平常時の行政効率のバランスを視野に入れても十分合理性がある。

コロナウイルス感染拡大の経験を踏まえて、行政機関に出向くことなくネット上で様々な手続きを可能にし、行政組織内の業務も効率化する「電子政府」の構築が諸外国に比べて大きく遅れていることが明らかとなった。平時だけでなく、コロナ感染も含めた緊急時の対応の基盤ともなる「電子政府」の整備は急務だ。ただし、単に手続きをオンラインで可能にするだけでは問題は解決しない。オンライン上での手続きが煩雑であったり、結局行政機関に出向くことが必要になるといった状況を改善するには、個々の行政手続きに関連する法制の整理や行政の業務改革が不可欠だ。

また、今後、大規模自然災害や致死性の高いウイルス感染の拡大によって政府・行政施設や交通機関が機能不全に陥ることも想定し、政府、行政の中核機能を、大規模災害などの非常時には政府首脳や行政幹部も含めて人が政府・行政施設に集まることなく業務の執行を可能にする必要がある。対策協議や意思決定、指揮命令ができる戦略指令機能をサイバー空間で実現する「サイバー政府」の構築が課題となる。

8 「自律＋分散」国土デザイン

ジャパンリスクは、いずれも発生確率をゼロにすることはできない。できることはリスクが現実のものとなった際の損失を最小化することだ。リスクへの対応の基本は分散化だ。経済成長とともに都市への人口の集中が進んできた産業革命以来の国土デザインを「自律＋分散」型に転換させることが基本だ。「分散」を進めるためには「自律」性を高めることが不可欠となる。

エネルギー・システムは、原子力発電所など大規模発電所で発電した電力を遠くの都市へ運ぶ時代から、地域でまかなう、もしくは地域間で融通する分散エネルギーの時代へと進みつつある。

今後は太陽光や風力などの再生エネルギー、天然ガス、余熱発電、水素など様々なエネルギー源を地域間、企業間、産業間で相互融通しながら、効率的に活用する時代に進化していく。

交通システムも現在の都市間を結ぶ鉄道システムに加え、都市内を少人数乗りの自動走行のクルマやパーソナル・モビリティ・システムで移動することによって、細かなニーズにも対応し利便性を高める方向に進む。

東京、大阪など大都市への集中から「自律＋分散」の国土への転換は、特定地域の過度の負担によって大都市の経済的繁栄や利便性が成り立つシステムからの脱却を意味する。当然のことながら、グローバリゼーションの進展した今日においては、経済活動は多面的な「つながり」によって成立しており、国家、都市、地域いずれにおいても外部から独立して存続できるものではない。しかし、エネルギーなどのユーティリティ、食料、交通、廃棄物処理などで地域の自律性を高めることは、過剰なヒトの移動やモノの輸送を削減し、地球環境の持続性を高めるためにも不可欠だ。

第13章 「リスク」の起源への回帰

1 「正常性バイアス」による思考停止

何らかの理由で、あと三日で確実に命が尽きることがわかっていたとしたら、あなたはそれまでに何をするだろうか。三日という極めて短い期限を突き付けられたことにより、人々は将来の可能性や豊かさのために現在を犠牲にすることは全く意味を失う。三日以内に実現可能なこと、実現したいこと、要は目先の「欲望」の実現に走ることが、多くの人にとって最も合理的となる。最後の晩餐《さん》で何を食べたいかの話題が盛り上がるのもこのためであろう。

では三ヶ月先に命が尽きるとしたらどうか。時間の余裕はもう少しある。会社で昇進をめざすとか、一流大学入学をめざして勉強するといった、遠い将来への投資が意味をなさない状況は同じだが、逆にこれまで日常の生活や仕事に追われて行けなかった海外の国へ最後に行ってみるくらいの時間的余裕は残されている。「日常」は三ヶ月後に断絶するのがわかっているのだから、「非日常」へ向かうのが合理的な行動となる。

伊坂幸太郎の小説「終末のフール」の世界はもう少し複雑だ。物語の舞台は八年後に小惑星が地球に衝突し、人類が確実に滅亡することが予告されてから五年が過ぎた頃の社会である。当初は絶望からパニックに陥った人々も五年が過ぎると、いつしか平穏な小康状態の中で日々を送るようになっている。つまり「非日常」から「日常」へ戻っているのだ。

われわれはいつの時代においても常に不確実な未来とともに、リスクを抱えながら生きている。現在伝えられているところでは、南海トラフ地震は、今後三〇年以内に六〇〜七〇%、五〇年以内には九〇%の確率で発生し、最悪の場合死者が三十二万人、経済被害は二二〇兆円と推定されている。高い確率で途方もない被害が発生することが予測されているが、問題は実際に地震が発生するのが三日後か、三ヶ月後か、三〇年後かはわからないということだ。想定される被害から考えれば、実際の地震発生時は、まさに地獄絵のような世界のはずだ。しかし現在も、多くの人々が「日常」を続けているということは、三日後に地震が起こるとは考えていないということだ。残念ながら、あらゆる方策をとって準備したとしても死者をゼロにすることは困難であろうが、予測が発表された後も人々は利那的な「欲望」に走ることも「非日常」の行動に出ることもなく、淡々とした「日常」が続いている。しかし、予測が正しいとすれば、今日地震が発生しなければ、明日地震が発生する可能性は、今日より着実に高くなるはずだ。

社会心理学では、正常性バイアス（normalcy bias）と呼ばれる用語がある。これは、多少の異常事態が起こっても、それを正常の範囲ととらえ、心を平静に保とうとするもので、日々の生活の中で生じるさまざまな出来事に、心が過剰に反応し、疲弊しないために必要な働きである。確かに、たとえ大きな被害が予想されていても、いつ発生するか分からない大地震のことばかり心配していたのでは、日々の生活をまともに送ることはできない。一方で、「正常性バイアス」の度が過ぎてしまうと、リスクへの備えが十分なされなかったり、本当に危険な事態が発生しても、異常と認識せず、回避などの対応が遅れることになる。

経済活動がグローバル化した今日においては、企業が直面するリスクもまた格段に広がっている。リスクマネジメントが発展した今日においても、リスクそのものの予測可能性とリスクへの対応可能性を考えるならば、企業が取り組むべき課題は多い。

大きな経済危機が発生すれば、企業も当然大きな影響を受ける。日本のバブル経済崩壊、アジア経済危機、ITバブル崩壊、リーマンショック、今回のコロナ経済危機など、振り返れば過去三〇年の間に世界は一〇回も大きな経済ショックを経験している。ほぼ三年に一回のペースで発生しているのだから、もはや経営としては想定外とするわけにはいかないはずだ。しかし、残念ながら経済学をはじめとした現代の計量的手法がこうした経済危機において、十分な役割を果たしてきたとは言えない。

一方で経営においては、リスクを前にたじろいでばかりはいられない。「正常性バイアス」に陥ることなく、リスクに向き合い、管理し、前に進まなければならない。ピーター・バーンスタインの「リスク―神々への反逆」（Against the Gods, 青山護訳）によれば、リスク（risk）という言葉は、イタリア語のrisicare（リジカーレ）に由来し、この言葉は「勇気を持って試みる」ことを意味している。

2　資本生産性とリスク

コロナ感染の拡大により経済活動がいっせいに停止する事態に直面し、改めて資本主義社会における企業の存在意義が問われている。

企業にとって、投資家から集めた資金をより効率的かつ有効に使うことによってリターンを最大化することは基本的役割である。また、株式市場への投資資金の多くが国民の貯蓄や年金資金によって占められていることを考えれば、個々の企業が資本効率を高めることは、国民経済にとっても重要だ。一方で、企業は株主だけでなく、従業員、顧客、サプライヤー、地域社会やコミュニティなどの利害関係者（Stakeholders）との関係性の基盤に立って初めて存続できる社会的存在であることも、感染拡大に伴う一連の経緯の中で再認識された。株主の利益を優先し、他の利害関係者の利益を犠牲にして危機を乗り切ったとしても長期的には企業の存続は困難となり、結局は株主の利益にもならない。

3　コロナウイルス感染が提起した資本主義の課題

コロナウイルスの感染拡大は現代の資本主義に二つの大きな課題を突きつけている。

第一は資本効率を考える際の時間軸だ。ＲＯＥ（Return On Equity：自己資本利益率）に代表される資本効率の判断において、企業および企業の価値を評価する市場はどこまでリスクを織り込んでいたのかである。ＲＯＥを高めるために自社株買いを行い資本を薄くしてＲＯＥを高めていた企業、さらには自社株買いの資金も含めて借入金を増やして自己資本がマイナスになっていた企業は、そもそも危機に対する耐久力が脆弱だった。今回のコロナ感染のようなパンデミックは、予測が可能な「リスク」とは異なる想定困難な事象であるため、事前に企業経営に織り込むことは合理的ではない、というロジックは正しいだろうか。例えば交通、ユーティリティなどの社会基盤としての役割をもった企業が、業界の激しい競争に対応するため平時に予測可能な「リスク」をコストに織り込んでおらず、パンデミック発生時に経営危機に落ち入った場合は公的資金で支援すべきだろうか。何が予測可能な「リスク」で、何が想定困難な「不確実性」なのか、企業はどこまで自己責任で備えるべきかを改めて問い直す必要があろう。

第二は、企業は誰のために存在するのか、についてである。コロナ感染の拡大は、企業の存続の前提となる従業員、顧客、地域社会など企業をめぐる利害関係者の存亡も危うくした。一つの企業だけが自社の経営問題によって経営危機に陥った場合であれば、一部の利害関係者を切り捨てることによって企業が生き残る選択肢もある。しかし、社会全体が危機に陥った場合には利害関係者も含めて生き残れない限り、危機が終息した後も、企業が単独で生き残ることは困難となる。コロナ感染が収まっても、雇用が失われていれば需要も失われ、サプライヤー企業が経営破綻していれば生産回復も難しい。たとえ企業だけが生き残ったとしても競争力が失われるリスクが高まるのだ。

機関投資家から企業への期待の優先順位も変わる。投資家へのリターンより企業の生き残りとその後の競争力維持を優先することが最終的に投資家の利益にもなるとすれば、配当や自社株買いによる短期的な企業価値の向上より、雇用維持やサプライヤー支援を優先することが合理的となる。

今後市場において問われるべきは、投資家にとっても企業にとっても「平時の経営」の評価のあり方であろう。従来、予測困難で不確実性が高いとして、経営において何も対応が取られてこなかった将来リスクの発生可能性について、どこまで備え、コストとして織り込むべきかである。市場も、リスクに目をつむって高い資本効率だけを追求する経営を合理的とは判断しなくなるだろう。ユニバーサル・オーナーとしての機関投資家、ＥＳＧ投資家の間では、例えば大規模自然災害やパンデミック発生時においても数年は雇用を維持できる財務体力を保持することを投資基準や社債の格付け評価に加える等の方策が検討されている。

4　安全保障のための生産再配置

新型コロナウイルスの感染拡大においては、各国がほぼ同時期に自国の利益を追求する動きに出たことによって結果的にすべての国の利益が損なわれるというパラドックスが生じた。中国が当初政治的な理由から感染者数と死者数を過少報告したことで、他の国々は対応が遅れ、その後各国の中央政府、地方政府は一斉に人工呼吸器やマスク、手袋などの調達に走った。その結果、国際的な争奪競争が生じて製品の価格が跳ね上がり、買い占めや高値転売、闇取引も発生し、感染対応のための貴重な時間と資金が失われた。背景にあったのは、近年の世界を覆う不安や不信の連鎖とユニラテラリズム（一国主義）だ。

感染終息後も各国政府は必需品のサプライチェーンを自国内に確立すべきとの強い政治的圧力にさらされる。米国でトランプ大統領とポンペオ国務長官が中国批判を強め、医薬品と主な医療用品の国内生産量を大幅に増やすよう指示したことに対し、中国の新華社通信は、中国が医薬品の対米輸出を禁止する可能性を報じ、トランプ政権への怒りをあらわにした。

不安と不信の連鎖によって、世界経済は少なからず安全保障のリスクを織り込んだ形に変わっていく。一つの産業、例えば医薬品と医療用品が「必需品」に指定されれば、当然、他の産業も同様の指定を受けて利益を上げたいと望む。そのため食品、燃料、エネルギーシステムなどの輸出入は減少する可能性がある。同盟国からの調達に頼る場合でも追加コストは発生するため、貿易を停滞させ、世界経済の成長には負の影響を及ぼす。しかし、少なくとも安全保障の観点からコスト高を受け入れてでも、必要な資源を自国内で供給する意志と資金的余裕のある国は輸入を減少させ、国内生産を増やすであろう。

5　アフターコロナ時代のサプライチェーン

近年、日本企業だけでなく欧米企業も含めグローバルに事業展開する企業のサプライチェーンは中国への依存を高めてきた。中国は既に購買力平価で見れば世界最大の市場であり、付加価値は必ずしも高くないものの、部品、完成品を含め「世界の工場」と呼ばれるまでに発展している。したがって効率の観点からは生産拠点がこれまで中国に集中してきたことは企業の行動原理からしても理にかなっていた。一方で、新型コロナ感染により中国からの部品供給が途絶える中で、感染拡大時に命綱ともなるマスクの供給まで全面的に中国に依存していた実態が明らかとなり、中国への依存度の高さへの危機感を各国の政府も国民も意識するようになった。

しかし、今後想定される供給断絶リスクは感染症によるものだけではない。近年は地震や洪水など大規模自然災害によって供給が断絶する頻度も高まっている。近い将来の発生が予測される南海トラフ地震では、太平洋沿岸の主要な産業集積地が被害を受け、日本の製造業全体の基盤が揺らぐことも考えられる。たとえ生産拠点を中国から日本国内に回帰させたとしても国内で大規模災害が発生した際に部品の調達先が被災地域にあれば、調達先の代替ができず大きな損害を受ける。

多様なリスクに対応するためには代替可能性を高めることが基本だ。したがって過度の中国依存の是正は必要としても、国内回帰だけでは必ずしもリスクを引き下げることにはならない。世界的なコロナ感染によって多くの国で一斉に生産活動が停止する場合でも、生産再開のタイミングは各国の感染収束の状況によって一律ではない。早期に感染が収束した国の生産拠点では早期に生産再開が可能だ。今回はそれもまた中国だった。

今後ＩｏＴ、ＡＩなどデジタル技術の進展とともに、ロボット、３Ｄプリンター活用などによる自動化が進展すれば労働コストよりも市場へのアクセス、より高い付加価値を創出する高水準の人材の確保など、賃金とは別の要因が重要となる。したがって、安い労働力、原材料、部品を求めてサプライチェーンを広げることは逆にリスクを高める。少なくとも大規模市場（国）では、市場の近くで“Make in Market”を進めることが合理的となる。

市場は国単位とは限らない。データが高い価値を創出する時代が到来する一方で、データを自由に流通させることができる「データ経済圏」が国境とは別に形成されつつある。ＥＵは域内の国境を超えたデータの流通が自由にできる単一「データ経済圏」を構築することを目指している。

国ではなく「データ経済圏」を市場と捉え、市場の中にサプライチェーンを構築することの重要性が高まっていくであろう。市場の近くで現地の企業と連携して市場ニーズに対応したサービスを提供することがデータを基軸としたサービス化の時代においては不可欠だ。

中国は既にサプライチェーンを多様化する方向に動き出している。「一帯一路」構想で南アジアや中央アジアとの貿易関係を拡大するとともに、中国をハブとした多様で強靭《じん》な供給網をアジアに築きつつある。研究開発においても、中国企業は欧米の企業や大学と共同研究を進め、今や世界一の特許創出国となった。二〇一八年には中国企業の研究開発費の総額が米国企業を超えた。今後は米中摩擦の影響もあり、欧米に依存することは難しくなるため、政府主導で企業や大学が参画する国家主導型研究開発の色彩をさらに強めていくだろう。

日本企業が国内回帰して世界のバリューチェーンから取り残されれば、日本経済は成長機会を失い衰退が加速する。必要なことは、国内回帰ではなく、IoT、AIなどデジタル技術を活かし自動化を推進することにより、地域を限定せず市場に近い場所での事業、特にデータを活用したサービス提供など付加価値の高い事業の海外展開を広く進めることだ。

様々なリスクに対応するには、サプライチェーンの多様化だけでは十分ではない。世界的な経済縮小の中で、各国が自国第一主義をとり、モノの国内供給を優先し、外国への供給が止まる事態も起きた。有事に早期の復旧を可能にするのは結局のところ国を超えた企業間の相互信頼だ。二〇〇七年の新潟県中越沖地震、二〇一一年の東日本大震災の際には、被災した部品企業が顧客企業から支援を受けたり、顧客への部品供給を守るために競合他社に協力を依頼することで供給網の復旧が早まった。こうした関係は、個々の企業間の長期的な取引関係を基盤にした信頼と共通利益を前提に成り立っている。

グローバリゼーションは二〇一八年のリーマン・ショック後に停滞し、米中摩擦によって一部は逆流を始めた。コロナ危機後は、企業レベルでは安全保障のコストを織り込みつつ、多様な市場のニーズに柔軟に対応するバリューチェーンを市場を起点に展開する動きが強まるはずだ。

改めてリスクという言葉の起源（リジカーレ）に遡れば、リスクとは向き合い、管理した上で勇気を持って乗り越えていくべきものだ。必要以上に自国に回帰することでも、グローバル市場への挑戦を停滞させることでもない。コロナウイルス感染の世界的な拡大は、人類の歴史においても未曾有な危機であるが、危機を前にたじろぐことなく、勇気を持って自らの経営の転換と進化の機会にすることが何より重要であろう。

第14章　社会的共通資本の回復

1　『男はつらいよ』の技術革新物語

渥美清主演、山田洋次原作の『男はつらいよ』は、一九六九年（昭和四十四年）八月に映画第一作が公開され、その後渥美の死後に制作された特別編も含めると二〇一九年までに全五〇作が公開されている。ギネスブックにも認定された世界最長のシリーズ映画だ。

主人公、「フーテンの寅」こと車寅次郎（渥美清）は、一四歳の時に父親と大ゲンカをして家を飛び出し日本全国を渡り歩く渡世人となる。家出から二〇年後に寅次郎は突然、異母妹さくら（倍賞千恵子）と叔父夫婦が住む生まれ故郷、葛飾区柴又にある帝釈天門前の草団子屋「とらや」に戻ってくる。

各作品は毎回ほぼ同じパターンで展開される。寅次郎が旅先で出会うマドンナに恋して、何かと世話を焼くうちに、マドンナも寅次郎に対して信頼を寄せ親しくなり、「とらや」を舞台に賑やかな人情喜劇が繰り広げられる。しかし結局、恋が実ることはなく、最後は寅次郎は失恋して傷心のまま、何処ともなく再びテキ屋稼業の旅に出る。

主な登場人物は、寅次郎、さくらの他、さくらの夫・諏訪博（前田吟）、一人息子の満男（吉岡秀隆）、草団子店を経営する叔父・竜造（森川信、松村達雄、下條正巳）と叔母・つね（三崎千恵子）、博が勤務する中小印刷会社「朝日印刷」の通称タコ社長（太宰久雄）、柴又帝釈天題経寺の御前さま（笠智衆）、などだ。

一九六九年（昭和四十四年）に公開された第一作では、さくらはまだ結婚前で丸の内にある一流企業「オリエンタル電気」に通勤する花のビジネスガール（現在で言えばＯＬ）で、仕事はキーパンチャーだった。(注1) 当時の若い女性にとって、丸の内にある会社でキーパンチャーとして働くことは時代の憧れだったのであろう。その後、さくらは兄の反対を押し切って、中小企業の印刷会社「朝日印刷」で働く北海道出身の律儀な青年、諏訪博と結婚する。さくらは結婚後、会社を退職し、「とらや」の手伝いをしながら、家事をこなし一人息子の満男を育てていく。

キーパンチャーの仕事も、手を真っ黒にしながら印刷機を回す印刷工の仕事もその後のデジタル技術の革新によりほぼ消滅した。さて、さくらと博の一人息子でテキ屋を生業とする叔父の寅次郎や父親の仕事を見て育った満男は、成人後どのような職業を選んだだろうか。彼は営業職の会社員を経て、小説家となった。時代の花形職種も、堅実な仕事の概念も技術革新とともに変わっていく。寅次郎のテキ屋稼業と満男の小説家の仕事はデジタル革命が進展しても、まだ消える気配はない。さりとて誰もが就ける仕事ではなく、就業人口は極めて少数だ。

（注1）コンピュータへの情報の入力媒体が穿孔《せんこう》カードだった時代に穿孔カードにデータをパンチする穿孔作業をする職業

2　デジタル技術がもたらす革新

現在デジタル・トランスフォーメーション（DX）と呼ばれる大変革の中心にあるのはAI（人工知能）とデータだ。過去にも何度かAIブームはあったが、多層的なニューラルネットワークに依存する機械学習を利用したAIの新たな潮流が本格化したのは二〇一二年頃からだ。近年、センサーなどによるデータ収集力、コンピュータの計算能力、アルゴリズム（情報の処理や学習の手順・方法）が進化し、膨大なデータを処理することにより機械学習領域での大きな進展が実現した。現在のAIは人間のように状況や目的が変わっても柔軟に対応できる汎用性を有するまでには至っていないが、特定用途のAIの組み合わせが革新的なソリューションをもたらしている。

5G時代の到来は、様々なモノやヒトがネットワークを介してつながるIoTの本格化を意味する。ＩｏＴの時代にはセンサーなどで収集された情報がリアルタイムでクラウドに届けられ、バックグラウンドで自動処理される。リアルタイムで情報を「収集」し、組織、企業、産業の壁を越えて「共有」された情報をＡＩによって「解析」「活用」すれば、無理、無駄、ミスマッチを限りなくゼロに近づけ、社会の様々な分野で生産性が飛躍的に高まる。

経済社会には、さまざまな無理、無駄、ミスマッチが残されており、不便、非効率、不公平を感じることが多々ある。最大の理由は、経済活動を支える組織、企業、産業の間にさまざまな障壁が残されており、必ずしも合理的、効率的に「つながらない」ためだ。われわれが生活する都市や街を考えても、例えば交通は鉄道、地下鉄、バス、個人の自動車などさまざまな手段によって構成されている。これらを最適に「つなぐ」ことができれば、利便性は飛躍的に向上するはずだ。健康管理も医師、病院、保険会社、社会保障を担う公的機関の間が有機的につながれば病気の予防から治療までより効果的、効率的なケアが可能になる。

3　マルクスが夢見たデジタル社会

かつて多くの日本の大学の経済学部では、近代経済学とマルクス経済学という二つの理論体系を基礎理論として教えていた。近代経済学とは、現代の一般的な経済学を意味し、一八七〇年代の「限界革命(注1)」以降の、マクロ経済学、ミクロ経済学に大別される理論体系のことである。多くの場合、統計分析、計量分析のモデルの構築による妥当性の検証や分析に重点が置かれる。近代経済学は現代の資本主義社会を前提とするのに対して、マルクス経済学は、資本主義はその内在する矛盾によっていずれ立ち行かなくなり、最後は必然的に共産主義に至るという歴史観に立っている。著者が大学生として過ごした一九七〇年代後半におけるマルクス経済学の講義はカール・マルクスの代表的著作である『資本論』の解釈や解説を中心に進められていたが、必然的に到達するとされる共産主義社会とはいかなる社会なのか、どのようなシステムによって成立するのか、に関してはほとんど語られることはなかった。そこである日の講義の終了後に教授を呼び止めて、尋ねてみたことがある。未だ基礎理論もまともに身につけていないのに好奇心だけは旺盛な学生の質問に教授は真摯に応えてくれた。

「先生、資本主義社会がたくさんの矛盾を抱えているとしても、共産主義社会になると、資本家による搾取がなくなるというだけで、労働者はみんな幸せになれるのでしょうか。ソ連や北朝鮮の人々が幸せとはとても思えません。共産主義社会とはどのような経済社会なのでしょうか」

「ソ連も北朝鮮も生産力が脆弱な初期の資本主義社会の段階で移行しようとしたので、あれは社会主義でも共産主義でもありません。共産主義社会は資本主義が高度に発達し、生産力が豊かな需要を満たすまでに高まった後に初めて実現するのです。真の共産主義社会においては供給力が高度に高まり、また社会的再生産に支障をきたさないよう無駄なくきちんと計算され、管理されるので、人々は必要なモノを必要な時に必要なだけ使うことができます。したがって、人々はもはや個人でモノを所有する必要性がなくなるのです」

現代の視点で考えれば、そのような社会はＡＩやＩｏＴを活用したデータの高度利用がなければ実現できないはずだ。

現代社会でもサービスの供給者が限られ、寡占状態にある市場は数多く存在する。これまでは、供給者が圧倒的に多くの情報を保有し、利用者に与えられる情報や選択肢は限られていた。ＤＸが進めば利用者も供給者と同等に情報にアクセスできるようになり、供給者側は、利用者のニーズに対応したサービスを設計するようになる。その結果、利用者側は、より効率的で価値あるサービスを選択することができる。供給者側からサービスの利用者側にビジネスの価値の決定権が移行するのだ。また、所有者が誰かにかかわらずモノの使用や稼働に関する情報が流通し、使用状況などの情報が社会の中で共有化されるようになれば、不稼働時間が長く利用効率が低いままモノを所有するよりも、使いたい時に使いたい分だけサービスとして利用する方が合理的との認識が社会に広がっていく。シェアリング・エコノミー、すなわち所有から共有への移行によるサービス化の進展である。

一八八三年にこの世を去ったカール・マルクスが現代によみがえったとしたら、果たしてどのような経済社会の実現を構想しただろうか。

（注１）限界革命とは、一八七〇年代にウィリアム・スタンレー・ジェヴォンズ、カール・メンガー、

レオン・ワルラスによって体系化された限界効用理論によって、計量分析を使った今日の経済学の基礎が確立されたこと

4　デジタル革新と経済格差

米国のクリントン元大統領は一九九三年から二〇〇一年（一月二〇日まで）の在任中一度も景気後退を経験しなかった。レーガン政権時代に発生した双子の赤字を解消し、平時では史上最長の好景気をもたらした政策は「クリントノミクス」と呼ばれた。副大統領のアル・ゴアの提唱した「情報スーパーハイウェイ構想」に象徴されるようにIT産業の育成にも注力し、IT化による生産性向上（ニューエコノミー）を推進した。一方で、好景気が続く中で、ジョブレス・リカバリー（Jobless Recovery）、すなわち雇用拡大を伴わない景気回復という懸念が広がったのもこの時代が最初だ。IT化の進展により、ミドルマネジメント層の雇用が減少したことが主な要因とされた。

クリントン政権の通商政策、産業政策の柱となったのは、政権の最初の労働長官を務めたロバート・ライシュ（元ハーバード大学教授）、大統領経済諮問委員会委員長、国家経済会議議長（National Economic Council）を歴任したローラ・タイソンらが提起した「戦略的経済」の概念だった。「戦略的経済」とは、概ね以下のような考え方だ。米国が知識経済への移行で先行するためにIT、航空機産業などのハイテク産業中心の産業構造に転換すべきである。これらの産業は、巨額

の研究開発投資が必要だが、規模の拡大とともに費用が劇的に低下し、しかも最初に市場を支配した企業が圧倒的な競争力を持つ。技術の外部経済効果（注1）も高い。したがって、政府は研究開発への補助金や輸出金融への政府助成などによってこれらの産業がグローバルな競争力を確立できるよう積極的に支援すべきである。また、国民が知識産業社会に対応できるよう、コンピュータ教育の強化など教育改革を推進することによって知識労働力を拡大し、労働のミスマッチを抑える必要がある。

「戦略的経済」は先端技術分野のグローバルな競争力を確保することに政府も深く関わろうとするものであり、現在トランプ政権が強く批判する中国の産業政策の考え方とも少なからず共通性が見られる。「戦略的経済」は今日の米国のデジタル産業、インターネット関連産業の圧倒的な競争優位の起点となった。一方で、比較優位を失った分野を中心に製造業の海外移転が加速し、ラストベルトと呼ばれる地域に象徴されるように、産業構造の転換に対応できない失業者を生んだ。ミドルマネジメントで失われた雇用の多くは、ＩＴに置き換わるか、インドなど海外へのアウトソーシングが進み、ミドルマネジメント層として働いていた人々の多くはサービス業など、より所得の低い層へ移行した。現実には誰もが知識労働者となれるわけではなかった。むしろ知識労働者に転換できる人は限られていた。結果として現代まで続く経済格差拡大の一因ともなっている。

現代のＤＸにおいても、既に存在する仕事の自動化が先行し、新たな価値を生み出すビジネスの創造によって雇用が生みだされるまでには時間差が生じることを覚悟する必要があろう。

（注1）外部経済効果とは、ある経済主体の活動が市場を介さずに、他の経済主体にプラスの影響を与えること

5 市場経済と社会的共通資本

技術革新と社会の関係は、それを活かす人々の英知と先見性に依存する。当然のことながら、技術革新が無条件で人々の生活を向上させるわけでも、経済社会の安定と持続的発展をもたらすわけでもない。技術に先行してあるべき社会に関する洞察がなければならない。経済社会とそこで生きる人々に安定と公正を取り戻すためには、どのような論理のもとに今後の社会は構想されるべきだろうか。

経済学者の宇沢弘文が社会的共通資本の概念を提起したのは今から半世紀近く前のことだ。社会的共通資本とは、人々が生存し、生活を営むために重要な役割を果たすものであり、社会全体の共通の基準に従って管理、運営されるべきものである。社会的共通資本は、大気、森林、海洋などの「自然資本」、道路、交通、エネルギーなどの「社会資本」（社会インフラストラクチャー）、教育、医療、金融、司法、行政などの「制度資本」によって構成される。社会的共通資本は高い社

会性を有するが、だからといって公共部門が担うことを前提とするわけではない。高い専門的知識と職業的規律に従って管理、運営されることが重要であって、民間に委ねられてもかまわない。突き詰めて言えば、社会的共通資本は市場経済が円滑に機能し、所得分配が安定的に行われるための制度的諸条件と言い換えることもできる。

本来、市民社会を構成する市民は、市場において自己利益を追求し、その結果としての格差については自己責任とされる。ただし、その前提として市民には市民社会の一員としての共通の権利が保障されなければならない。市場の中に社会があるのではなく、社会の中に市場があるのだ。本来、「社会的」とは、特定個人に対置するもので、「誰でも」(anybody)に相当する。人々は、消費者や生産者である前に市民であり、企業など組織の構成員である前に市民なのだ。生存可能な環境が保障され、一定水準の生活を営むことができ、必要な教育を受けることができて初めて平等な立場で市場競争に参加することができる。経済社会が安定するか否かは、市民としての共通の権利が守られているか、その基盤となる社会的共通資本の蓄積の水準に依存することになる。

ウイルス感染の拡大は我々の日常を根本から問い直す機会となった。資本主義経済が高度に発展した先進国であっても、実は生存権、生活権、社会権が脅かされる状況となっている。日本でも貧困を理由に大学進学をあきらめる若者や、幸いにして卒業できても低賃金の職にしか就けず、奨学金の返済が困難となったり、結婚をあきらめる若者が数多く存在するのが現実だ。女性が結婚、出産を経て仕事を続けるための制度やインフラも未だ十分とは言えない。

6　アフター・コロナ時代の社会的共通資本

コロナウイルスの感染拡大により企業が従業員に在宅での就労を指示し、テレワークやWEB会議が一気に広がった。会議や面談など人と人との物理的なコンタクト、そのための人の移動も強制的に抑えられることとなった。コロナ感染拡大前から、裁量労働制やフレックスタイム制度などを導入している企業は数多くあり、テレワークも可能だったにもかかわらず、多くの企業では選択する人は限られていた。自分以外に大勢の人がいる状況の中では、とりあえず周囲に合わせる心理状態を社会心理学の用語で「同調バイアス」(syntony bias)と呼ぶ。周囲にテレワークを行っている人が少ない場合には、選択しにくい心理が少なからず働いていたのであろう。

一九八〇年代後半の日本がバブル経済の真っ只中にあった時代、リゾート・オフィスのブームが起こった。都心に通勤するのをやめて別荘で仕事をするという構想だった。複数の事務機メーカや電機メーカーがリゾート・オフィスで使用することも想定して、パソコンと電話とファックスが一体となった機器を開発した。これ一台あれば、家庭でも、別荘でも、オフィスと同じように仕事ができるという触れ込みだった。しかし、三つの機能が一体となった画期的な機器は、単独の機器よりはるかに使い勝手が悪かった。未だインターネットが普及するはるか前の時代、技術やインフラが追い付いていなかったこともあり、リゾート・オフィスのブームは瞬く間に消えていった。

土地の値上がりが急速に進み、近い将来東京都内に通勤する会社員は通勤に三時間以上かけなければ持ち家が困難になるとの予測まで登場するようになり、大深度地下開発構想が浮上したのもこの時代だ。地下深くに地上から光ファイバーで太陽光を引っ張って未来型の居住空間を作るという構想だ。冷静に考えればおかしいのは異常に高騰した土地価格であり、地上に住める土地がなくなったわけではないのだから、わざわざ地下に住む必要性など全くなかったのだが、バブル経済という異常な環境の中では、大深度地下構想も真面目に議論された。仕事をする場所はあくまでオフィスであり、そのためには毎日通勤することが当然という前提を疑う事がなければ、極めて非合理な結論でも違和感なく受け入れられることがあるのだ。

本来、最小のトランザクションコストで最大の成果を追求することは企業経営の効率を高める合理的な行動である。通勤や出張などに伴う物理的な移動は付加価値を生まないため本来は最小化すべきトランザクションコストだ。これまで放置されてきたコストがウイルス感染の拡大によって、命を守るために一時的にせよ強制的に削減された。人と人が離れた場所で仕事をするリモート環境を前提に効率性を高め、極力ヒトを介さない自動化システムの活用をオフィスでも拡大していくことは、感染が終息した後の経営においても合理的だ。

一日二十四時間という時間だけはすべての人に平等に与えられており、格差が生じることはない。しかし、総務省によれば、日本の就労者の往復通勤時間は全国平均で一日約六〇分、首都圏では九〇分を要している。通勤時間の長短によって個人の生活に使うことのできる時間に大きな格差が生じるとすれば、それは生活権や社会権が脅かされていることになる。会社での勤務中もタクシーや電車やバスなどによる移動時間が発生する。企業にとってこうした移動時間は削減した分だけ生産性が上昇する。テレワークに限らず、人の働く場、学ぶ場がよりサイバー空間に移れば、人々は時間と場所の制約から解放され、「可処分時間」は増加する。

「同調バイアス」もあって多くの人々が疑うことなく、あるいはあきらめと達観を持って毎日片道一時間以上かけて通勤する状態は、実は変えられるのだということが、コロナ感染拡大に伴う壮大な社会実験によって立証された。家族が全員食卓に揃う夕食は、『サザエさん』か『三丁目の夕日』の世界であって、大都市圏で働く限りは絶対無理と多くの人々が思い込んできたが、コロナ感染にかかわらず、長時間通勤を前提とするワークスタイルこそが人間疎外そのものであり、改革されるべき対象だったのだ。DXの推進を、何より人間性を回復する機会としなければならない。

これからのDXを人間を制約から解放し、市民社会の一員としての権利を回復することによって、新たな可能性を広げるために活かすことは社会的優先度が極めて高い課題だ。サイバー空間という物理的、時間的制約から自由な場において、働ける、学べる可能性を広げる「社会資本」、「制度資本」を整備することは、様々な制約を超えて、労働参加を促し、経済格差の縮小につながる。

問題は短期的にはデフレ圧力が働き、雇用削減圧力が強まる可能性があることだ。コロナ感染終息後もテレワークが定着するとすれば、それは単に通勤時間が削減されるというだけではなく、トランザクションコストの徹底した見直しにより、無理、無駄、ミスマッチを徹底して排除することに進展する。コロナ感染対策としての雇用維持支援政策が終了した後は、いずれかの段階で産業間、職種間の大幅な労働移動を伴う雇用再編が不可避となろう。その間、これまでは一定のスキルや知識が必要だった業務も含め、既存業務の自動化、機械化が進展し、消失する業務が増えることも避けられない。交通、物流などモビリティ関連産業の需要も元の水準に需要は戻らないか、戻るにしても長期間を要することになろう。いずれも二十世紀型の産業社会から転換して、社会的共通資本の回復した新たな社会へ移行するためには避けて通れないプロセスととらえ、「痛み」を抑え、円滑な転換を支援する政策が必要となる。

7　グローバル・コモンズとしての社会的共通資本

「公」(public) でも「私」(private) でもない「共」による管理の意味でコモンズという言葉を使うとすれば、社会的共通資本の概念を一国に閉じず、グローバル・コモンズとしてとらえた国家レベルでの連携、企業レベルでの地球市民としての行動が、今ほど重要な時はない。大気、海洋などの「自然資本」をグローバル・コモンズとして位置付けることを再確認し、共有した上で、地球温暖化問題への対応を加速させること、北極圏や宇宙などを各国間の利権争奪の対象とするのではなく、グローバル・コモンズとして共同管理の対象とすることも重要だ。デジタル化の時代においては、医療・ヘルスケアに関する個人のデータは、最もプライバシーに関わる機微情報であるが、同時にパンデミックへの対応も含めて医療の進歩という人類の共通利益のためには、より多くの、より多様なデータの集積と活用が欠かせない。こうしたデータに関しては、今後は匿名化を条件にグローバル・コモンズとして扱う国際的合意形成が不可欠となる。

第Ⅳ部　プラネタリー・カンパニーの時代

第15章　グローバル経営の歴史

1　世界地図と地政学的大局観

三〇歳を過ぎた頃から海外出張が多くなり、世界地図をながめる機会が増えた。それまで世界地図は万国共通というイメージを持っていたが、一九八六年に中国の政府機関を訪問した際に壁に貼られていた地図を見ると、朝鮮半島は統一されたひとつの国となっており、首都はピョンヤンだった。世界には多種類の世界地図が存在し、それは各々の時代の国家の立場と利害を反映したものなのだ。

どの国を真ん中に置いた世界地図かによっても世界の見え方は大きく異なる。自国が真ん中にある世界地図を見慣れてしまうと、どうしても自国中心に世界が動いているかのように考える。

極東の島国である日本が真ん中にある世界地図を見慣れてしまうと、思わぬ錯覚に陥ることもある。二〇一五年に南アフリカ共和国のケープタウンに出張する機会があった。出掛ける前に、何人かの同僚や友人が心配して、「エボラは大丈夫か」、と声をかけてくれた。二〇一四年にエボラ出血熱が大流行したギニア、リベリア、シエラレオネの西アフリカ三ヶ国とアフリカ大陸の南端に近いケープタウンでは同じアフリカ大陸とはいっても直線距離で五千キロ以上離れている。この距離を考えるとインドネシアで鳥インフルエンザが流行しているので、日本に行って大丈夫か、と言っているに等しい心配なのだが、日本からアフリカ大陸までの距離の遠さの感覚がまずあって、アフリカ大陸自体の広大さへの距離感がつかみにくくなっているのだ。

以前シンガポールで勤務していた時は、執務机の横に東南アジアが中心にある世界地図を貼っていた。この地図では、シンガポールの位置するマレー半島を中心に東に南シナ海、西にベンガル湾、インド洋と広大な海洋が広がっていて、ＡＳＥＡＮ各国からインドまで、海でつながっていることがよくわかる。歴史をさかのぼれば、近代世界史における経済交流の中心は、東南アジア、インド洋を中心とした海域だった。十四世紀には環インド洋経済圏にイスラム文化が広がり、東シナ海、南シナ海は中国の影響下にあって、この地域を通じて二つの文明が交差していた。かつて民俗学者の梅棹忠夫は、東洋と西洋の間に、いずれにも属さない「中洋」があること、それは海洋ではインド洋を中心とした地域であると指摘した。西洋、すなわちヨーロッパの人々はインド洋を介して多くの物品を持ち返り、それがヨーロッパに繁栄をもたらしたのだ。

長い歴史の変遷を経て、現在では東南アジア、インド洋をめぐる地域が再び世界の貿易、経済発展をつなぐ最も重要なシーレーンとなっている。中国はこの地域に「海のシルクロード」の構築を提唱し、周辺国の港湾整備などインフラ構築支援を進めることにより関与を深めようとしている。歴史上、この地域を経由した貿易のメリットを享受して最初に経済発展を遂げたのは、ユーラシア大陸の両端にある「海洋国家」英国と日本である。この地域の安定と発展は、今後の日本にとっても極めて重要であり、確かな座標軸をもって新たな「海図」を描くべき時である。

いつの時代においても国家や大きな組織のリーダが、座標軸を失い、進むべき方向を誤れば後に大変な損失をもたらす。危機の常態化する時代においては政治リーダーに限らず経営者もまた過去の歴史や将来の展望、地域の動向も踏まえ、ダイナミックな視座で判断することが求められる。

2　グローバリゼーションと企業経営

かつて経営学者ピーター・ドラッカーはグローバル経営を考える際の視座として、"Think Globally, Act Locally" の重要性を挙げている。経済活動がグローバルに広がる中で、国ごとに異なる市場や事業環境に対応しつつ、グローバルに統合された競争力ある経営をいかに確立するかは、グローバル経営を追求する企業にとって常に重要課題である。グローバル社会が直面する課題が経済、安全保障、環境など広範囲にわたり、かつ深刻化する今日、改めてこの言葉に着目してみたい。

第二次大戦後、世界はほぼ一貫してグローバリゼーションの潮流の中にあった。とりわけ一九九一年の冷戦終結以降は、国境を越えた投資、技術、人財の自由な移動が加速し、新興国中心に経済発展の大きな果実をもたらした。しかし近年は中国の台頭に伴う米中関係の緊迫もあり、グローバリゼーションは明らかな停滞期を迎えている。歴史をさかのぼれば、中国に限らず急激に経済成長し、プレゼンスを高めた国が先行する国の批判を浴びるのは珍しいことではない。相互の関係が浅い時代には意識されなかった制度や仕組みの差異が相手国のプレゼンス拡大により、異質な、場合によっては不当な障壁として意識される。

一九五〇年代には、欧州に投資を拡大し経済プレゼンスが急拡大した米国企業が欧州社会のナショナリズムや保護主義的感情の高まりによりさまざまな批判にさらされた。一九八〇年代後半には、日本も同様の批判に直面する。この時期、日本の自動車、半導体、コンピュータなどの対米輸出拡大により、日米貿易摩擦が緊迫化した。流通市場の閉鎖性や「系列取引」などが米国と異なる不公正な商慣習・制度として取り上げられ、それらを基盤にした日本企業の輸出拡大によって米国企業の経営が悪化し、従業員のレイオフや工場閉鎖に追い込まれているとの批判が連邦政府、議会、そして米国社会へと広がっていったのである。

3　「企業の社会的責任」の時代

そうした批判への対応もあり、日本企業はこの時期に米国での現地生産を急拡大した。最も重要な市場である米国において、“Made in Market”を推進することにより、米国での雇用を拡大し、米国企業との取り引きを拡大することを通じて米国社会のインサイダーとしての基盤を構築することを目指したのである。結果として米国現地生産の経験を通じて日本企業が学んだことは多い。「企業の社会的責任」（Corporate Social Responsibility）もその一つであろう。日本と異なる社会の中で日本国内の延長線上では捉えきれない責任を果たすことが求められた。自発的な奉仕活動、慈善的寄付行為、メセナなど芸術文化への支援に長い歴史を有する欧米諸国においては企業は「良き企業市民」（Good Corporate Citizen）であることも日常的に期待された。当時の日本企業は「郷に入《い》っては郷に従え」の立場でいわば経験を通して受動的に対応していった。

一九八〇年代後半から一九九〇年代初めにかけて日本企業の海外現地生産が急拡大した時代にＮＩＲＡ（総合研究開発機構）の支援を得て日立総研が行った「海外現地生産時代の企業の社会的責任」、「経済活動のグローバル化と企業文化」という二つの研究プロジェクトでは、当時既にグローバル展開していた欧米主要企業のアニュアルレポートの分析、アンケート、インタビュー調査などによってグローバルに事業展開する企業の追求する共通価値の存在が明らかにされている。

それは、経済的価値、社会的価値、倫理的価値の三つであった。

自由主義経済の下で企業が他社との競争を勝ち抜くために効率を高め、製品やサービスの革新を追求することは当然の行為であり、それが経済社会の発展にもつながる。ただし、企業が利益拡大を追求するに際には、公共利益（Public Interest）との調和が前提となる。競争の中で環境問題のような外部不経済、カルテルなどの反競争的活動が行われれば、社会の福利厚生が大きく低下する。従って、企業が売上げ、利益など経済的価値を追求する際には、進出した国、地域の法律や社会規範など倫理的価値を遵守することが大前提となる。地域社会の文化や慣習に対応して主体的に地域社会の発展を社会的価値として追求することも期待されていた。そして、こうした活動は直接あるいは短期的に収益に結実しないとしても中長期の視点に立って実行すべき「啓発された自己利益」（Enlightened Self-Interest）として位置づけられていた。

4 「企業市民」から「地球市民」へ

翻って経済活動のグローバル化が飛躍的に拡大する中で、ＳＤＧｓに象徴される国境を越えた複合的課題にグローバル社会が直面する今日、グローバル企業は各国において地域の「良き企業市民」（Good Corporate Citizen）であるだけでなく、特定の国や地域の利害を超えた「責任ある地球市民」（Responsible Planet Citizen）でもあることを再認識する必要がある。かつて日本企業が海

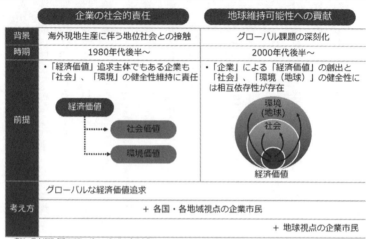

図表8　グローバル企業に求められる視座

	企業の社会的責任	地球維持可能性への貢献
背景	海外現地生産に伴う地位社会との接触	グローバル課題の深刻化
時期	1980年代後半～	2000年代後半～
前提	・「経済価値」追求主体でもある企業も「社会」、「環境」の健全性維持に責任 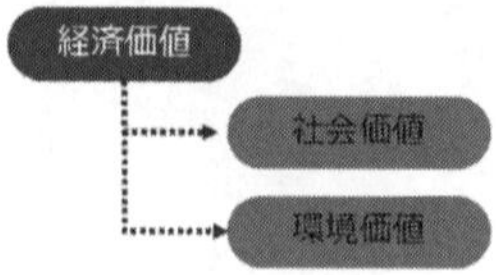 	・「企業」による「経済価値」の創出と「社会」、「環境（地球）」の健全性には相互依存性が存在 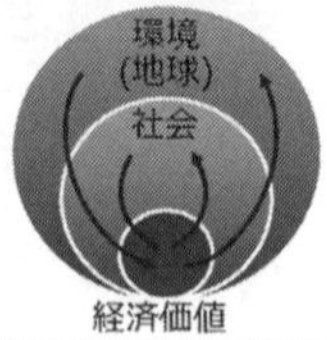
考え方	グローバルな経済価値追求	
	＋ 各国・各地域視点の企業市民	
		＋ 地球視点の企業市民

資料：日立総研「経済活動のグローバル化と企業文化」

外現地生産を加速した一九八〇年代後半から一九九〇年代における“Think Globally, Act Locally”は、進出企業にグローバル経営の視点を持ちつつ個々の国や社会の独自性への受動的対応を求めるものであった。しかし、グローバリゼーションが各国の社会にもたらした矛盾の顕在化、地球環境問題の深刻化など現代社会が直面する諸課題は企業の存続基盤にも影響を与えている。国家や地域社会という単位は厳然として存在するものの、地球全体も経済、社会、環境が構成する一つのシステムとして相互に影響を強めながら存続する時代となり、企業も地球的視座に立って自らの活動に責任を持つことが不可欠となっている。

　人々の生活の質（Quality of Life）を向上させ、社会的価値を高めることは経済発展に不可欠であり、それを実現することは今後も企業の重要な役割である。デジタル技術に代表されるように技術革新による新たな地平も展望される。一方で、それは「プラネタリー・バウンダリー（地球の限界）」と呼ばれる安定的で回復力ある自然の限界を超えるものであってはならない。現代の企業はより主体的に自らの市場として、事業展開の基盤として関わる地域や社会の価値を高め、地球環境改善へ貢献することが市場からも期待されている。

「責任ある地球市民」として共有すべき価値観に立って、地域や社会を構成する利害関係者とともに面前の課題と対峙する経営を求められている。何より企業自らの主体的かつ先行的な取り組みと行動、その集積が地域を変え、社会を変え、最終的に世界を変える。“Act Locally, Change Globally”の時代が到来している。

5 “Act Locally, Change Globally”の時代

かつてハーバード・ビズネススクールのクリストファー・A・バートレットとフランスINSEADのスマントラ・ゴシャールは、一九八九年に出版された『地球市場時代の企業戦略』において、世界規模で事業展開する企業の経営を三つのグループに分類した。

第一のグループは、グローバル市場を全体として統合されたものとして扱い、経営の効率を重視して戦略や意思決定の権限を中央の親会社に集中させる企業であり、これを「グローバル企業」

と呼んだ。第二のグループは、親会社が持つ知識や専門技術を、各国市場向けに移転したり適応させることを基本とする企業であり、「インターナショナル企業」と呼んだ。第三のグループは、各国の現地子会社や事業拠点が国や地域ごとに異なる事業環境に敏感に対応できるようになった現地自立型拠点の集合体としての企業であり、「マルチナショナル企業」と呼んだ。

バートレットとゴシャールは、世界市場で競争を勝ち抜いていくために、企業はこれら三つのモデルを統合したモデル、すなわちグローバルな統合、マルチナショナルな適応力を持った柔軟性、全世界的な柔軟性を同時に持った「トランスナショナル企業」となることが必要と主張した。

バートレットとゴシャールが提起した四つのモデルは、国や地位ごとに異なる市場や事業環境に対して、いかに効率的に適応していくかの視座に立った分類に見える。今後「地球市民」としての企業に求められるのは、これらに加えて地球的課題でありながら国や地域ごとに異なる背景や事情を持って顕在化する個別課題への「解決力」となろう。

"Think Globally, Act Locally" の時代、世界地図を見ながら企業戦略を練ったグローバル企業の経営者は、"Act Locally, Change Globally" の時代においては地球全体を俯瞰《ふかん》する、より広い空間軸に立った経営課題への対応が求められている。同時に、企業収益において投資家の期待に応えるという短期的な視点だけでなく、数世代後の世代が生きる地球も変わらず水平線から希望の光がさし込む世界にする責任を担う、長期の時間軸も忘れてはならない。

第16章　プラネタリー・カンパニーの時代

1　プラネタリー・カンパニーの歴史的考察

特定の覇権国によって安定的な国際秩序が維持された時代が終わり、二つの超大国が並存し対峙する時代においては、国を超えたグローバルな課題に対して政府間の合意形成は様々な制約を受ける。一方で、ＳＤＧｓが世界で広く認知され、ＥＳＧ投資の拡大が急速に進展する中においては、市場が先導する形で特定の国家の利害を超えたトランスナショナルな価値を追求する企業の存在価値が高まる。今後グローバルに事業展開する企業が果たすべき役割、期待される役割は、自らのビジネスによって地域や社会が直面する課題の解決、生活の質の向上に貢献するとともに、その経験と成果をグローバルに展開する「責任ある地球市民」としての行動だ。

これまでグローバル企業、インターナショナル企業、マルチナショナル企業、トランスナショナル企業など、異なる市場や事業環境への適応と経済効率の二軸で捉えられてきたグローバル経営のあり方に対して、グローバルに事業展開する企業が自らの活動の基盤としての社会、活動の場としての市場において果たすべき役割の視点から、「プラネタリー・カンパニー」というあるべき企業像を展望してみたい。明日から転換することは難しいとしても、時間を要してでも、目指すべき企業の理念型として構想し共有されることが重要と考える。「プラネタリー・カンパニー」の五つの条件を提起したい。

2　条件1：「地球市民」としての自己定義

近年の世界は地球的課題の深刻化を前にしても、理性に基づいた健全な政策や国際協力に基づく多国間の合意形成が、国家間の対立と大衆の怒りを背景としたナショナリズムに圧倒され、動かない状況となっている。こうした現実を前に立ち尽くすのではなく、地球の将来を変えていく主体として行動するべきは企業、個人、NPOなどの経済主体である。とりわけ、企業は投資家への利益の最大化だけでなく、地球という惑星を構成する共同体の一員として「責任ある地球市民」としての役割を果たすことが自らの長期的な存続の前提であり、それが投資家にとっても長期的利益となる。

ＥＳＧ投資の拡大など市場もそうした前提に立って企業の行動革新を求めている。ＳＤＧｓを踏まえ「責任ある地球市民」として共有すべき価値観に立って、人々の生存権、生活権、社会権を支えることは経済社会の安定的な発展に不可欠であり、企業の重要な役割である。デジタル技術に代表されるように技術革新による新たな地平も展望される。一方で、企業の活動は「プラネタリー・バウンダリー（地球の限界）」と呼ばれる安定的で回復力ある自然の限界を超えるものであってはならない。常に「地球市民」としての意識を行動規範において、より主体的に社会の価値を高め、地球の将来への責任を果たす。

3　条件2：Act Locally, Change Globally

解決への時間軸が長い温暖化などの地球的課題が、一方で、切迫感のある地域や社会の課題として日々顕在化しているのが現実だ。したがって、「責任ある地球市民」としての企業が主体的に対峙し、解決に向けた貢献を期待されるのは、市場として、活動の基盤として関わる地域や社会の課題である。グローバルな課題認識を持ちつつ、地域や社会を構成する利害関係者とともに目の前の課題と対峙し、その解決への貢献を担う、自らの主体的かつ先行的な取り組みと行動、その集積をもって連帯を広げ、社会を変え、市場を変え、最終的に世界を変えるプロセスを広げていく、“Act Locally, Change Globally”の経営を追究する。

4　条件3：DX for Human Liberalization

新興国だけでなく、先進国においても、人々は未だ多くの制約の中で生きている。ＤＸは個人に課せられている経済的格差、偏見や差別から人材と才能を解き放ち、時間や場所にとらわれることなく学び、働くことのできる社会を実現する潜在力を有している。

サイバー空間に企業の主たる機能を揃え、企業内の機能をデジタルで完結させ、企業内外の全てのコミュニケーション、企業内及び企業外とのインターフェースを含めた全てのトランザクション（処理すべき事項）をデジタルで完結させるデジタル・ネイティブ企業（DNE: Digital Native Enterprise）に転換し、世界の多様な人材と才能を受け入れ、制約から解放し、可能性を活かす機会を提供する。そのために、働く場所や時間に関する制約を最小化し、同じ労働空間に集まるための物理的移動を最小化する。

もとより、リアルな空間での企業活動が不要となることはないが、デジタルで完結する環境を整備したうえで、柔軟かつ最適な融合を追求する。

5　条件４：プラネット・ポジティブ

地球温暖化問題は厳しい状況にあるものの、現実解としての到達すべき水準をコロナ感染の経験が示唆した。これまで通り経済と折り合いをつけながら政府間で妥協点を探していくだけでは、将来の破綻は免れない。各国の環境規制にかかわらず、「カーボン・ネガティブ」と「循環経済」を主体的に追求し、地球の負担を軽減する「プラネット・ポジティブ」の経営へ転換する。

企業の活動は通信手段、動力源、輸送機構がそろわないと成立しない。通信手段がなければ企業内外ともコミュニケーションがとれないため、組織というシステムは駆動せずマネジメントも機能しない。動力源がなければ機械や設備を動かすことができない。輸送機構がなければ移動ができず、顧客に価値を提供できない。

動力源の脱炭素化とエネルギー利用効率最大化により「カーボン・ネガティブ」を実現する。オフィスから工場まで企業内で使用する資源を最小化するとともに、顧客やサプライヤーに働きかけ、社会の中でバリューチェーン全体の高効率な資源循環を主導する。ロボット、オートメーション、ＡＩ、３Ｄプリンティングなどデジタル技術を活用し、顧客へのデリバリーにおいても輸送距離を最少化する「ミニマム・マイレッジ」を目指す。

6　条件5：トランスナショナル・イノベーション

グローバルな課題の解決に向けての行動は地域や社会における改善の積み重ねとして捉えられる。パンデミックや災害への対応の主体も地方政府であり地域社会である。命と生活を守り、安全、安心を高め、生活の質を向上させる対象は地域だが、地域で課題解決のために創造したイノベーションをグローバルに展開することによって、はじめて地球的課題の解決に向けた革新を加速することができる。イノベーションのトランスナショナルな展開を「地球市民」としての企業の行動原理と位置づけ、世界を変えるプロセスに主体的に貢献する。

むすび　マイ・ラスト・ソング

一九七〇年十一月、三島由紀夫が自衛隊の市ヶ谷駐屯地で自決する前日に訪れたのは今も東京の飯倉に現存するキャンティというイタリアン・レストランだった。その夜、三島はキャンティの看板メニューのスパゲティバジリコを食したとされている。彼にとっていわば「最後の晩餐《さん》」だった。一九六〇年に開店し、日本のイタリアン・レストランの草分け的存在だったキャンティには、芸術家、音楽家、小説家、詩人などさまざまな文化人が集い、三島は最も頻繁に通う常連客の一人だった。戦前パリで長く生活した創業者の川添浩史は、一九三〇年代には既に多くの芸術家が集っていたモンパルナスのカフェ・ソサイアティをキャンティの原型としてイメージしたと言う。イタリア本国と同じ食材をそろえるのが難しかった時代、キャンティではバジルの葉を自家栽培するとともに、パセリや大葉も混ぜたスパゲティバジリコを看板メニューとし、三島も含め多くの文化人を魅了した。

あなたは人生の最後に口にするとしたら何を選びますか。さまざまな場で日常的に話題になるが、現実には多くの人が病気か予期せぬ事故で最期を迎えることを考えれば「最後の晩餐」のメニューを自らの意思で選択できる人はまれだ。一方で、あなたの末期の刻がすぐそこまできていて、既に意識が朦朧となっていたとしても、誰かが枕元に音楽プレーヤーを持ってきて、最後に何かリクエストすれば、これまでの人生で耳にしたどんな曲でも聴かせてあげる、と言ってくれたとしたらどうだろう。デジタル化が進み、インターネット経由で膨大な数の曲にアクセスできる今日では、こちらは十分現実感がある。子どもの頃から、アップルのiTunesで音楽を聴いていたとすれば、どの曲を何回聴いたかを集計して、人生のベスト一〇を選ぶことも容易にできる。もしかしたら近い将来には、何もしなくてもＡＩが、最後に聴くべき「マイ・ラスト・ソング」はこれだ、と勝手に選んでくれるようになるかもしれない。

かつて「寺内貫太郎一家」、「時間ですよ」などの人気番組を手掛けた辣腕テレビプロデューサー久世光彦は、一九九二年四月から亡くなる直前の二〇〇六年三月まで、雑誌「諸君！」に「マイ・ラスト・ソング　あなたは最後に何を聴きたいか」というエッセイを連載していた。長い連載の中で、歌謡曲、フォークソング、ワルツから米国の国歌まで多岐にわたる一一九曲が取り上げられている。一つ一つのエッセイを読んでいくと、「マイ・ラスト・ソング」を選ぶことは、出会った歌とともに自らの人生を振り返る作業であることがわかる。そして、その中で順位をつけ、まして一曲を選ぶことがいかに難しいことかも教えてくれる。久世氏自身も、一一九曲の中でどれが「マイ・ラスト・ソング」だったのか、最後まで明確にはしていない。

果たしてＡＩが「マイ・ラスト・ソング」を選んでくれる時代は到来するのか、久世氏のエッセイとともに考えてみた。

なぜその歌が心に残るのか、感傷と入り交じって自分でも説明できないこともある。最後の時に理由もなく突然会いたい人が頭に浮かぶかもしれない。「最後の刻に戻ってほしいと願うのは、自分から背いた人、心ならずも裏切ってしまった人、去られてみてはじめて大切だと思い知った人――そんな悔いの残る人たちばかりに違いない。そんな人たちに帰ってきてほしいとは、虫のよすぎる話である。悔いの数だけ、行ってしまった人たちの顔が暗くなりかけた脳裏に浮かび、やがてそれさえ霞んで消え、最後に私たちが見るのは多分自分の顔である」(「何日君再来」)。

同じ歌、同じ出来事であっても人によって感じ方、記憶への残り方も異なる。「歌、中でも〈流行歌〉とは不思議なものだ。いつ、どこで、どんな気持ちで聞いたか、あるいは歌ったか――それによって、本来明るく幸福な歌が、どん底のように思われたり、反対に、恋をなくした絶望を歌った歌に心弾んだりする」(「東京ドドンパ娘」)。

デジタルの時代とはいえ、ニーズが限られていればデータとして残されない歌もあるだろう。「売れなかった歌というのは、眠っているというよりは、死んでいるということだ。考えてみれば、売れなかったというだけの理由で、いい歌がいくつも死んでいるのかもしれない」(「さくらの唄」)。

デジタル化の急速な進展が、これからも経済や産業の効率を高め、社会の安全、快適、便利を向上させていくことであろう。そして、音楽に限らず人生の思い出の選び方も今後は大きく変わっていくかもしれない。しかし、結局のところ自らの人生において、その生きざま、生きた証しについて評価をくだせるのは自分だけだ。「マイ・ラスト・ソング」を選ぶ作業もそのひとつだとすれば、ＤＸの時代においてもＡＩやデータはそのサポートをしてくれるものということだろう。

地球の外の惑星から地球上の人類が営む経済、社会がどこに向かうのかを俯瞰する旅も、地球社会を形成する国家、社会、企業、そして最後はひとりひとりの生活や人生に収斂していくのであろう。十年後、百年後、千年後を生きる人々が明るくそれぞれの「マイ・ラスト・ソング」を聴けるようにするために、今を生きる責任を果たす必要がある。水平線から希望の光がさし込む世界にする責任を担う、長期の時間軸も忘れてはならない。最後に「マイ・ラスト・ソング」を一曲。

ガラスの海の向こうには　広がりゆく銀河
地球という名の船の　誰もが旅人
ひとつしかない　私たちの星を守りたい
朝陽が水平線から　光の矢を放ち
二人を包んでゆくの　瑠璃色の地球
（松本隆　作詞、松田聖子「瑠璃色の地球」）

あとがき

まるで映画を観ているようだ。二十一世紀に入ってから我々は何度もそう叫びたくなるシーンを目にしてきた。二〇〇一年九月十一日八時四六分、世界の金融の中心ニューヨークのワールドトレードセンター・ノースタワーに激突するアメリカン航空11便。二〇〇八年九月十五日、経営破綻した投資銀行リーマンブラザースを解雇され、段ボールを抱えて本社ビルを後にする社員たち。二〇一一年三月十一日、巨大津波が押し寄せる東京電力福島第一原子力発電所。そして二〇二〇年春、人影まばらとなった新宿、渋谷、銀座などの東京の繁華街。この間、筆者個人は二〇〇七年七月十六日一〇時十三分に発生した新潟県中越沖地震によって全壊した実家を茫然と見つめる経験もした。

二十一世紀に入って続いた映画のような大事件は偶然重なったものなのか。各事件の背景や直接的原因は異なるとしても、何かつながる糸はあるのだろうか。残念ながら映画のシーンのような非日常が日常化した世界が今後も続くのだとすれば、我々はどのように日常を生き、経済活動を営んでいくことができるのか。

本書を書き始めたのはそのような極めて素朴にして身の程知らずの壮大な問題意識からである。結果として、あまりに手に余るテーマであり、未だ麓にもたどり着けていないというのが実感だ。

唯一言えることは、何かを変えない限り我々は安定した持続可能な社会を将来の子どもたちに残せないということだ。しかも残された時間は長くないことをこれらの現実は突きつけている。

本書が提起した課題が、同じ問題意識を持つより有能な方々によって深く掘りさげられるきっかけとなるならば、力不足を顧みず挑戦した意義が多少なりともあったのかもしれない。

本書の内容の多くは二〇一三年から七年間務めた（株）日立総合計画研究所（日立総研）の社長時代に同僚の仲間たちとの議論の中から生まれたものである。改めて様々な形で議論につきあっていただき、知的刺激を与えてくれた諸氏に感謝したい。

本書を世に出すきっかけを作っていただいた日本経済評論社の柿崎均社長、栗原哲也会長、コロナ感染拡大によって一段と厳しくなった出版事情の中で機会を提供くださった論創社の森下紀夫社長、本署の編集を担当いただいた小田嶋源さん、二〇年前に『電子政府　ＩＴが政府を革新する』（東洋経済新報社刊）を共同執筆した長年の同僚であり本書に関しても草稿段階から多様なコメントをくださった日立総研の城野敬子さん、本書も含め長年に渡り図表作成にお付き合いくださった兼子清恵さん、社長在任中秘書として七年間あらゆる面で支えていただいた榎本規子さんにもこの場を借りて心よりお礼申し上げる。

本書の内容はすべて著者個人の責任において書き下ろしたものであり、現在および過去に著者が所属した組織の主張を代表するものではないことをお断りしておきたい。したがって、本書の内容に関する責任はすべて著者個人に帰するものである。なお、本文中では敬称はすべて略させていただいた。
最後に「プラネタリー・カンパニー」を探す長い旅に最後までおつきあいいただいたことに心より感謝申し上げて筆を置くこととしたい。

二〇二〇年八月

白井　均

参考文献

総合研究開発機構、日立総合計画研究所『海外現地生産時代の企業の社会的責任』、一九八八年
黄彬華、呉俊剛（田中恭子訳）『シンガポールの政治哲学（上・下）――リー・クアンユー首相演説集』　井村文化事業社、一九八八年
安藤百福『麺ロードを行く』講談社、一九八八 年
Christopher A. Bartlett & Sumantra Ghoshal (1989), Managing Across Borders: The Transnational Solutions, Harvard Business School Press (1989)（吉原英樹監訳『地球市場時代の企業戦略 トランスナショナル・マネジメントの構築』、日本経済新聞社）
梅棹忠夫「梅棹忠夫著作集（第4巻）――中洋の国ぐに」中央公論社、一九九〇年
The Nancy J. Adler (1991), International Dimensions of Organizational Behavior, PWS-KENT Pub. Co.（江夏健一、桑名義春監訳『異文化組織のマネジメント』マグロウヒル出版）
総合研究開発機構、日立総合計画研究所『経済活動のグローバル化と企業文化』、一九九四年
浜田和幸『知的未来学入門』新潮社、一九九四年
梅沢正、上野征洋編『企業文化論を学ぶ人のために』世界思想社、一九九五年
岩崎育夫『リー・クアンユー　西洋とアジアのはざまで』岩波書店、一九九六年

川勝平太『文明の海洋史観』中央公論新社、一九九七年
野地秩嘉『キャンティ物語』幻冬舎文庫、一九九七年
Peter L. Bernstein (1998), Against the Gods: The Remarkable Story of Risk, Wiley（青山護訳『リスク —神々への反逆』日本経済新聞出版、一九九八年）
宇沢弘文『社会的共通資本』岩波書店、二〇〇〇年
石毛直道『麺の文化史』講談社、二〇〇六年
内務省衛生局編『流行性感冒 「スペイン風邪」大流行の記録』平凡社、二〇〇八年
根本昌彦『未来学』WAVE出版、二〇〇八年
坂本一敏『誰も知らない中国拉麺之路』小学館、二〇〇八年
久世光彦『ベスト・オブ・マイ・ラスト・ソング』文春文庫、二〇〇九年
伊坂幸太郎『終末のフール』集英社、二〇〇九年
Robert D. Kaplan (2010), Monsoon: The Indian Ocean and the Future of American Power, Random House（奥山真司、関根光弘訳『インド洋圏が、世界を動かす』インターシフト、二〇一二年）
Joanna Macy & Chris Johnstone (2012), Active Hope, New World Library（三木直子訳『アクティブ・ホープ』春秋社、二〇一五年）
Richard H. Thaler (2015), Misbehaving: The Making of Behavioral Economics, W.W.Norton &

Co Inc（遠藤真美訳『行動経済学の逆襲』早川書房、二〇一六年）
グラハム・アリソン／ロバート・D・ブラックウィル／アリ・ウィン（倉田真木訳）『リー・クアンユー、世界を語る』サンマーク出版、二〇一三年
『SFマガジン２０１４年7月号』早川書房、二〇一四年
間宮陽介「コモンズとしての社会的共通資本とそのマネジメント」、『水資源・環境研究 VOL.29. No.2』、二〇一六年
船橋洋一『21世紀　地政学入門』文藝春秋、二〇一六年
James Stavridis(2017), SEA POWER: The History and Geopolitics of the World's Oceans（北川知子訳『海の地政学』、早川書房）
Jonathan Haskel, Stian Westlake (2018), Capitalism without Capital: The Rise of the Intangible Economy, Princeton University Press（山形浩生訳『無形資産が経済を支配する』東洋経済新報社、二〇二〇年）
Abhijit V. Banerjee and Esther Duflo (2019), Good Economics for Hard Times（村井章子訳『絶望を希望に変える経済学』日本経済新聞出版、二〇二〇年）
Jeremy Rifkin (2019), The Global Green New Deal: Why The Fossil Fuel Civilization Will Collapse By 2008 and The Bold Economic Plan to Save Life and Earth（幾島幸子訳『グローバル・グリーン・ニューディール』NHK出版、二〇二〇年）

Paolo Giordano (2020), NEL CONTAGIO（飯田亮介訳『コロナの時代の僕ら』早川書房、二〇二〇年）
岡部信彦、和田耕治編『新型インフルエンザパンデミックに日本はいかに立ち向かってきたか』南山堂、二〇二〇年
北岡伸一、細谷雄一編『新しい地政学』東洋経済新報社、二〇二〇年

白井 均（しらい・ひとし）
新潟県柏崎市出身。1979年名古屋大学経済学部卒業、㈱日立製作所入社。1995年青山学院大学大学院国際政治経済学研究科修士課程修了。1999年㈱日立製作所電子政府プロジェクト推進総括センター部長。2003年㈱日立製作所都市開発システムグループ事業開発部長。2009年日立アジア社取締役副社長。2011年㈱日立総合計画研究所（日立総研）取締役所長。2013年日立総研代表取締役社長。2020年㈱日立製作所シニアストラテジスト、日立総研取締役、日本カーバイド工業㈱取締役。
〈著書〉『グローバル競争に勝つ地域経営』1988年、『日本版デジタル革命』1998年、『電子政府 ITが政府を革新する』2000年。以上東洋経済新報社。

「地球市民」としての企業経営
――プラネタリー・カンパニーの時代

2020年10月20日　初版第1刷印刷
2020年10月30日　初版第1刷発行

著　者　白井均
発行者　森下紀夫
発行所　論創社
東京都千代田区神田神保町2-23　北井ビル
tel. 03（3264）5254　fax. 03（3264）5232　web. http://www.ronso.co.jp/
振替口座　00160-1-155266
装幀／宗利淳一
印刷・製本／中央精版印刷　組版／ロン企画
ISBN978-4-8460-1998-3　